本书系浙江农林大学校科研发展基金项目"中日授予动词句对照研究——以句意与统语构造为中心"(2017FR022)的阶段性研究成果

「給」字句的句法语义扩展研究

『給』構文の意味拡張について

李孟娟 著

浙江工商大学出版社 杭州

图书在版编目(CIP)数据

"给"字句的句法语义扩展研究 / 李孟娟著. —杭
州:浙江工商大学出版社,2020.10
　　ISBN 978-7-5178-4049-7

　　Ⅰ. ①给… Ⅱ. ①李… Ⅲ. ①汉语—句法—研究
Ⅳ. ①H146.3

中国版本图书馆 CIP 数据核字(2020)第156942号

"给"字句的句法语义扩展研究
"GEI" ZI JU DE JUFA YUYI KUOZHAN YANJIU
李孟娟 著

责任编辑	董文娟　张莉娅
责任校对	鲁燕青
封面设计	林朦朦
责任印制	包建辉
出版发行	浙江工商大学出版社
	(杭州市教工路198号　邮政编码310012)
	(E-mail:zjgsupress@163.com)
	(网址:http://www.zjgsupress.com)
	电话:0571-88904980,88831806(传真)
排　　版	杭州朝曦图文设计有限公司
印　　刷	广东虎彩云印刷有限公司绍兴分公司
开　　本	880mm×1230mm　1/32
印　　张	6.75
字　　数	200千
版 印 次	2020年10月第1版　2020年10月第1次印刷
书　　号	ISBN 978-7-5178-4049-7
定　　价	45.00元

目　次

1 序　章 ……………………………………………………………1
　1.1　本書の目的と基本的な立場 ……………………………3
　1.2　本書が依拠する認知言語学の考え方 ………………5
　1.3　コーパス …………………………………………………10
　1.4　本書の構成 ………………………………………………10

2 本動詞の"給"構文 …………………………………………13
　2.1　はじめに …………………………………………………15
　2.2　プロトタイプとしての本動詞"給" ………………16
　2.3　本動詞"給"のメタファーによる拡張 ……………19
　2.4　文末に動詞を続ける場合 ……………………………26
　2.5　IOが現れない場合 ……………………………………30
　2.6　おわりに …………………………………………………33

3 "給"の品詞性 ………………………………………………37
　3.1　従来の先行研究の考え方 ……………………………39
　3.2　本書の考え方 …………………………………………43

4 "V給"形式の二重目的語構文 ……………………………51
　4.1　はじめに …………………………………………………53
　4.2　二重他動詞による授与構文 …………………………54

4.3 「授与」の意味を持たない動詞の"V给"構文 ……………… 60

4.4 "V给"構文の拡張のプロセス ………………………………… 64

4.5 おわりに …………………………………………………… 69

5 "给……V"形式の二重目的語構文 ……………………………… 71

5.1 はじめに ……………………………………………………… 73

5.2 "V给"構文と"给……V"構文 ……………………………… 75

5.3 IO及び主語が人間ではない"给……V"構文 ……………… 85

5.4 脱再帰の二重目的語構文 ………………………………… 98

5.5 受益用法の"给……V"構文 ……………………………… 128

5.6 おわりに ………………………………………………… 147

6 "给……V"構文の受動用法 ………………………………… 161

6.1 はじめに ………………………………………………… 163

6.2 受動表現の成立条件 ……………………………………… 164

6.3 VPを補語とする"给"の役割 …………………………… 177

6.4 "把……给"構文及び"被……给"構文の"给" ………… 180

6.5 受動表現の拡張のプロセス ……………………………… 186

6.6 おわりに ………………………………………………… 192

7 終 章 ……………………………………………………… 193

7.1 "给"構文のネットワーク ……………………………… 195

7.2 まとめ …………………………………………………… 205

参考文献 ……………………………………………………… 206

中国語 ……………………………………………………… 206

日本語 ……………………………………………………… 207

英 語 ……………………………………………………… 210

1 序　章

1.1　本書の目的と基本的な立場

　現代中国語には、"给"という形式を含むさまざまな構文が存在する。本書は、そのような構文の意味的特徴に関する記述を行うものである。

　中国語の動詞"给"は、「与える」という語彙的な意味をもつ動詞としての用法（例文（1））のほかに、文法化したと見られる用法をもっている。後者は、後に名詞句を伴うA類（例文（2）—（5））と直後に動詞句を伴うB類（例文（6）と例文（7））に大別できる。

　（1）我给①了他一本书。

　　　私は彼に本を一冊あげた。

　（2）我买了一本书给他。

　　　私は本を一冊買って彼にあげた。

　（3）我送给了他一本书。

　　　私は彼に本を一冊贈った。

　（4）我给妹妹买了一辆车。

　　　私は妹に車を一台買った。

　（5）小张给小李打了。

　　　張さんは李さんに殴られた。

　（6）我给买了一辆车。

　　　私は車を一台買った。

　（7）小张给打了。

　　　張さんは殴られた。

　従来の研究では、本動詞の"给"が動詞であると認める点では一致しているが、文法化したと見られる"给"の品詞性に関しては、"给"が動詞であるかそうでないかについて、意見が分かれている。

---

① 下線は筆者が引いたものである。以下同様。

朱（1979）では、本動詞の"给"を含め、連動式の"V……给"構文（例文（2））、"V给"構文（例文（3））、"给……V"構文（例文（4））の"给"はすべて動詞であると認める。ただし、"给……V"構文（例文（4））では、「授与」の意味を表す場合の"给"は動詞であるが、「服務」の意味を表す場合の"给"は介詞であると主張する。

一方、向（1960）では、A類の"V……给"構文（例文（2））の"给"を動詞、"给……V"構文（例文（4））の"给"を介詞、"V给"構文（例文（3））とB類に属する"给"を助詞と分類する。

"给"は動詞、介詞、助詞の三つの品詞性をもつと認める研究者が多く、《现代汉语词典（第6版）》（2012）でも似た分類をとっている。つまり、例文（1）のような本動詞の用法をもつ"给"を動詞とし、A類（例文（2）—（5））のように名詞句を伴う用法の"给"を介詞として、B類（例文（6）と例文（7））のように動詞句を伴う"给"を助詞とするものである。

以上のような分類は、さまざまな"给"を文法化による機能辞の派生による同音異義語、つまり異なる語として捉えている。

しかし、"给"を含む構文には、次の例文（8）のような「反復の制約」があり、"给"が介詞的に使われる用法で、本動詞の"给"の前にもう一つの"给"で導かれた間接目的語（Indirect Object、以下IOと略称する）をもつことが容認されない。

（8）a. 我给老师送了一本书。
　　b. *我给老师给了一本书。①
　　私は先生に本を一冊贈った。

"给"の「反復の制約」は、介詞と動詞だけでなく、介詞と介詞、介詞と助詞の組み合わせにも適用している。しかし、ほかの介詞も同形の動詞をもつ場合が多いが、このような制約は観察されない。

---

① 文頭にアステリスク（*）をつけて非文であることを示す。以下同様。

（9）他在晚上八点以后在。

　　彼は夜の八時以後に居る。

　この「反復の制約」は、これらのさまざまな用法が、同音異義の "給" を派生しているのではなく、"給" の語としての同一性が保たれた多義であると考えなければ、説明が難しい。

　前述のように、朱（1979）は "V給" 構文、連動式の "V……給" 構文、"給……V" 構文の "給" を動詞と認識する。本書は、「反復の制約」を考慮し、この説と同様に、これらの用法の "給" が、本動詞の "給" から、他の動詞との組み合わせによるさまざまな構文へ拡張した多義の関係にあるものであるとして分析する。

　朱（1979）では、動詞の意味分類に応じ、"V給" 構文、連動式の "V……給" 構文、"給……V" 構文及びこれらの構文と深い関連をもつ動詞が単独で構成する二重目的語構文、合せて四種類の構文を取り上げ、それぞれの構文の意味的特徴と相互関係について分析した。具体的には、"V給" 構文に入る動詞は主に「授与」の意味をもつ動詞であり、"給……V" 構文に入る動詞は「取得」の意味と「製作」の意味をもつ動詞であり、この三分類の動詞はいずれも連動式の "V……給" 構文に出現することができる。そして、「授与」の意味をもつ動詞が単独で構成する二重目的語構文は "V給" 構文の「緊縮式」であるとする。

　本書も朱（1979）の "給" 構文において動詞の分類によって拡張のしかたが異なるという見方を踏襲する。また、"給" 構文の受動用法など「授与」以外の構文も含め、より包括的に "給" と他の動詞との組み合わせによる構文拡張の分析を試みる。

1.2　本書が依拠する認知言語学の考え方

　本書は、動詞の意味的特徴に応じた分類として、認知言語学の構文意味論に基づいた構文の意味記述を試みる。認知言語学では、

語のさまざまな用法を「構文」と捉える。本書においても、"给"を
はじめとする動詞のもつ語としての意味を、「構文」の意味として
分析していく。

　多義の関係は「カテゴリー化」として捉えることができ、「カテゴ
リーにおける代表的成員」(辻 2013:323)である「プロトタイプ
(prototype)」とこれからの拡張とみなされる。本書では、第2章で
論じる本動詞の"给"構文が"给"を含む各構文のプロトタイプであ
るとみなし、他の構文をこれからの拡張とみなす。

　これらの構文のもつ共通性を「スキーマ」という概念で説明す
る。「スキーマ」は「同じ事物を指すほかの表示よりも概略的で詳細
を省いた記述がされている意味、音韻、もしくは象徴構造」(辻
2013:188)であるとされる。本書は、"给"のプロトタイプ(「S+
给+NP$_1$+NP$_2$」)がもつ二重他動詞としての性質に着目し、これが
"给"構文の拡張においての構文スキーマである可能性を検討す
る。"给"を含む各構文は、"给"と組み合わせられる動詞に応じ、異
なる拡張を経て、ネットワークを構成すると考える。

　最後に、"给"をはじめとする動詞の構文の意味記述としては、ラ
ネカー(2011)の概念原型(conceptual archetypes)を用いる。

　本書で用いる概念原型は、節(clause)の構成に関わるものであ
り、「参与者」「ビリヤードボール・モデル(billiard-ball model)」「ス
テージモデル(stage model)」である。

　ラネカー(2011:464)によれば、「参与者」は、「事態を成立させる
場所の中で、ある行為や相互作用に参与している存在であり、他の
参与者と『相互に作用しあう』という関係を結んでいるモノであ
る」とされる。

　この参与者間の相互作用を内在させる概念原型である「ビリ
ヤードボール・モデル」は、「物体が空間を移動したり、力に基づく
物理的接触を介して、他の物体に影響を与えたりすることに関わ

る概念(作用)である。……このモデルを基盤として、さらに、行為連鎖(action chain)に関わる原型的な概念が形成される。行為連鎖は、力による一連の相互作用を意味し、その一つ一つに、ある参与者から次の参与者へというエネルギーの伝達が含まれる」(ラネカー 2011:464)とされる。

「ステージモデル」は、「外部世界に存在するすべての事物を一度で目に入れることは不可能であるため、世界を見る場合には、必ず何かに注目し、焦点化していくプロセスが必要となる」(ラネカー 2011:465)という概念原型であり、この「注意の焦点」を「プロファイル」と呼ぶ。「ある関係がプロファイルされると、程度も多様な際立ちが、関係性を有する参与者に与えられる。もっとも際立っている参与者はトラジェクター(trajector)と呼ばれ、ある場に位置づけられたり、評価されたり、記述される対象として解釈される。トラジェクターは、プロファイル関係において最も重要な焦点と規定される。ほかの参与者は二番目に際立っている焦点となり、これはランドマーク(landmark)と呼ばれる」(ラネカー 2011:91-92)とされる。

つまり、言語構造としての「節」は、概念構造としての、あるセッティングの中の参与者間の相互作用を、プロファイルされた参与者のいずれかに際立ちを与える形でコード化するものであるとみなされる。

ラネカー(2011)では、英語の他動詞構文の二重目的語構文への拡張を次のように説明している。

「創造」「準備」「獲得」の意味をもつ動詞は基本的な用法として、受領者の意味を際立たせないのが一般的である。

(10)a. She made a kite.(創造)

　　b. She baked a pie.(準備)

　　c. She got a fancy car.(獲得)

(ラネカー 2011:313)

しかし、次のような二重目的語のパターンも容認されている。

（11）a. She made him a kite.（創造）

　　　b. She baked them a pie.（準備）

　　　c. She got you a fancy car.（獲得）

（ラネカー　2011:313）

　例文（11）が成立する理由として、ラネカー（2011:313）は、「これらの動詞が中心となる二重目的語構文で使用されるのは、当然のことながら、動詞が内在的に譲渡の意味をもっているからではない。……創造、準備、獲得という概念—これらの概念ゆえに目的語が必要となるのである—と、構文スキーマがもたらす受領者への譲渡という概念を結び付けることによって得られる」と解釈している。

　ラネカー（2011:314）は図1-1、図1-2、図1-3を用いて説明している。

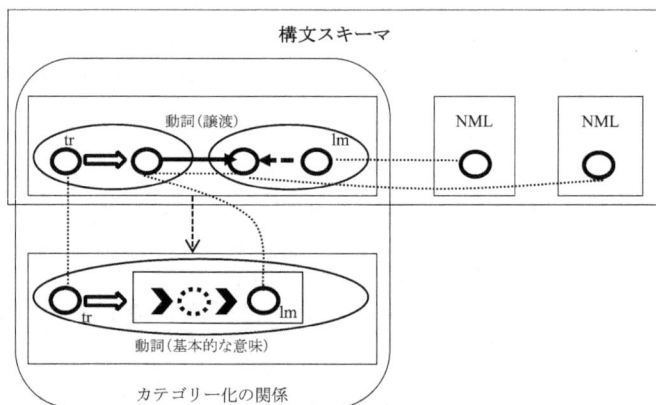

図 1-1

注：「○」が参与者、「tr」がトラジェクター、「lm」がランドマークである。「⇨」が力に基づく物理的接触、「‥‥‥‥」が同一性、「──▶」が物体の移動、「‥‥‥>」が接近可能性を示す。構文スキーマでは、譲渡構文が二つの名詞類（NML）をもつことを示す。「動詞（基本的な意味）」は、結果としてトラジェクターの接近可能な範囲にランドマークが生じることを示す。

　図1-1は、例文（11）のような二重目的語構文が確立する前の段階で、「創造、準備、獲得の意味をもつ動詞が、基本的な二重目的語構文で最初にどのように使用されるかを表している。……破線の矢印は、構文スキーマの動詞とターゲットの表現との間のカテゴリー化の関係を示している」（ラネカー　2011:314-315）とされる。

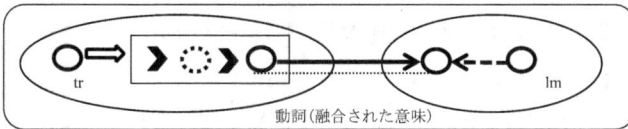

図1-2

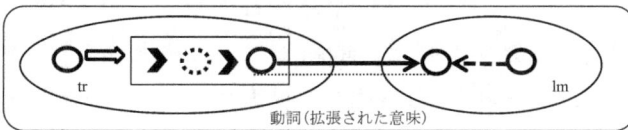

図1-3

　図1-2は、例文（11）のような動詞が「最初にこの構文で使用される時、融合された意味は―それを誘発するカテゴリー化のように―新しい意味である」（ラネカー　2011:315）とされる。このような用法は繰り返して用いられることで、「カテゴリー化の全体的な判断が定着し、ユニットとして確立されて融合された意味を含むようになる」（ラネカー　2011:315）とされ、これは図1-3に示し、「拡張された意味」としている。

　本書では、中国語の"V给"構文や"给……V"構文を、"给"と他動詞の意味の融合による、上記と同様のカテゴリー化を経ているものとして分析する。"给"は、これらの動詞が作るのが二重目的語構文であるという構文スキーマを提供する。この構文スキーマが成り立たない受動表現や、"把……给V"形式の「処置式」については、動詞"给"のもう一つのプロトタイプからの拡張とみなす。

1.3　コーパス

　本書における"给"を含む用例は『中日対訳コーパス』と『北京大学CCLコーパス』を利用して得た。収集した用例は、まず構文の特徴から、本動詞の"给"構文、"V给"構文、"给……V"構文に分類し、各構文の主語・IO・直接目的語（Direct Object、以下DOと略称する）及び"给"と共起する動詞に基づく下位分類を行った。例文における変換に成立の可否は筆者の内省による。

　また、本書に挙げた例文は、コーパスから引用した例文の他に、作例もある。この筆者の自作した例文の成立容認度の判定については、方言差などを考慮し、標準語話者と認められる中国人15名（大卒以上）に容認度の判定を依頼した。方法としては、各例文について「自然」「どちらとも言えない」「おかしい」の判断を求め、「自然」が1点、「どちらも言えない」が0.5点、「おかしい」が0点とし、その平均値を算出した。作例の末尾の［　］内にこの数値を示している。

　なお、日本語と対照するための日本語の用例は、『聞蔵Ⅱビジュアル』（朝日新聞記事データベース）から得た。

1.4　本書の構成

　本書は全部で7章から構成されている。それぞれの章の内容は次のとおりである。

　第1章では、本書の目的と基本的な立場を述べておく。また、本書が依拠する認知言語学の考え方及びコーパスを提示する。

　第2章では、本動詞の"给"構文について考察する。プロトタイプである本動詞"给"の意味的特徴及びプロトタイプから拡張した"给"構文について述べる。

　第3章では、"给"の品詞性の問題を概観し、"给"の多様性を同音

異義語ではなく、多義とみなすべきことを論じる。“給”の品詞性に
関しては、研究者によって意見が分かれているのが現状である。
本章は先行研究を引用しながら、新たな意見を提案する。

　第4章では、“V給”形式をとる二重目的語構文の意味的特徴を分
析し、また“V給”構文の拡張のプロセスについても明らかにする。

　第5章では、“給……V”形式を用いるさまざまな二重目的語構文
を分析し、拡張について検討する。“給……V”構文は、授与構文、IO
及び主語が人間ではない構文、脱再帰の二重目的語構文、受益構文
とさまざまな二重目的語構文がある。本章ではそれぞれの構文の
もつ特徴をまとめるだけでなく、各構文の拡張に見られる相違点
にも言及する。

　第6章では、もう一つの“給……V”構文であると見られる受動用
法を分析し、受動表現の成立条件や“給”の役割及び拡張のプロセ
スを説明する。

　第7章では、本書の総括として、以上で論説した“給”を含むさま
ざまな構文のネットワークを提示する。

2 本動詞の"给"構文

2.1 はじめに

本章は本動詞の“給”構文について考察する。プロトタイプの本動詞の“給”が構成する構文は、一般的には以下のような語順をもつ構文である。

（1）S 給 NP_1 NP_2

张三<u>给</u>李四一支圆珠笔。

[作例：自然度1.00]

张三は李四にボールペンを一本あげる。

“给”に後続する目的語はNP_1とNP_2の二項があり、“给”は二重他動詞として二重目的語構文を構成する。典型的には、IOであるNP_1が人間であるのに対し、DOであるNP_2は物であり、「与える」ことの結果として、NP_1がNP_2を所有することが含意される。これは、主語のSがNP_1にNP_2を与えることにより、NP_2の位置変化とNP_1の状態変化との二つの変化と解釈することができる。NP_1が省略されることもあるが、普通には出現するのが義務的であり、省略される場合も存在が含意される。認知言語学の創始者でもあるラネカー（Langacker 2008：393）では、このことを、この動詞が三つのprofiled participant（プロファイルされた＝認知的な際立ちをもつ＝参与者）をもつと表現する。Sが焦点参与者の中で、最も際立っている参与者（第1局所的際立ち）であり、トラジェクターと呼ばれる。NP_1が二番目に際立っている焦点参与者（第2局所的際立ち）となり、ランドマークと呼ばれる。NP_2が焦点参与者ではないが、中心的な参与者と思われ、動詞の意味に必要不可欠な要素である（ラネカー 2011：91-92，471））。このことから、二重他動詞としての“给”は、次のようなスキーマを有すると考える。

（2）"给"の構文スキーマ

"给"のS：S

"给"のDO：NP₂

"给"のIO：NP₁

意味フレーム：SがNP₁に働きかけ、NP₂がNP₁に接近可能となる。

本章では、まず、プロトタイプである本動詞"给"の意味的特徴について論説を行う（第2.2節）。次に、プロトタイプから拡張した、つまり構文を構成する名詞句が抽象物の"给"構文について述べる（第2.3節）。最後に、構文の面で、非典型的な文構造について論じる（第2.4節と第2.5節）。

2.2　プロトタイプとしての本動詞"给"

"给"の本動詞の用法は、次の例文（3）に示すように、"给"に後続する目的語はIOとDOの二項であり、二重目的語構文を構成する。構文の示す意味は「人間である主語が、同じく人間であるIOに、具体物であるDOを授与する」ことである。語順としてはIOがDOに先行する。

（3）张三给李四一本书。

　　張三は李四に本を一冊あげる。

（4）a.　私は太郎に本をあげた（やった）。

　　　我给了太郎一本书。

　　b.　太郎は花子に本をくれた。

　　　太郎给了花子一本书。

（盧　1993：61）[1]

盧（1993：60-69）では、中国語の本動詞"给"を日本語の「やる/くれる」と比較し、「中国語の"给"は話者視点に頼らず、客観的に捉え

---

[1]　例文（3）と例文（4）は盧（1993：61）から引いたものが、日本語訳は筆者による。

るという点では日本語と対照的である」と指摘する。

例文(4)に示すように、日本語の「授与動詞」は話し手を基準にし、遠心的な方向性であれば、「やる/あげる」を用い、求心的な方向性となると、「くれる」を使用する。①例文(4)aでは、主語が話し手であるから、IOの「太郎」への移動は遠心的な方向となるため、「やる/あげる」を使用する。一方、例文(4)bでは、「太郎」より「花子」のほうが話し手と関係が近い場合は、話し手から見ると、「花子」への移動が求心的な方向であるから、「くれる」を選択する。それに対し、中国語はどちらも"給"を使用している。

例文(3)の示すように、"給"の示す行為によって、具体物の"一本書"は主語の"張三"からIOの"李四"へ移動し、具体物であるDOの位置変化が観察される。物の移動より、物の所有権の変化も生じるため、IOである"李四"は本をもっていない状態から本をもつようになったという状態の変化を経る。

上記のようなDOの位置変化やIOの状態変化という本動詞の"給"に含まれる意味的特徴は、次のような用例でも同様に観察される。

以下の例文では、中国語の"給"の訳語としては、「方向性」が決定できない場合には、動詞「与える」を用いる。

(5)大夫给了他点助消化的药。

　　　医者は彼に消化をサポートする薬を与えた。

(6)店主给了桑乔一把钥匙。

　　　店主は桑喬にカギを与えた。

(張 2010:619)②

また、日本語の「やる」は、通常は、主語の与え手が受け手に意図的に利益を与えようとしないと構文は成立しない。それに対し、

---

① 日本語の授受動詞の方向性に関しては、山田(2004)を参照する。

② 例文(5)と例文(6)は張(2010:619)から引いたものが、日本語訳は筆者による。

プロトタイプの"给"は上記のような相手に好まれる具体物を与える場合だけでなく、次のような損害を与える場合にも容認される。

(7)我给了他一台坏的电脑。

［作例：自然度 1.00］

私は彼に壊れたパソコンを一台{*やった/与えた}。

(8)我给了小张一箱烂苹果。

［作例：自然度 1.00］

私は張さんに腐ったリンゴを一箱{*やった/与えた}。

例文(7)と例文(8)に示すように、中国語の場合は「壊れたパソコン」や「腐ったリンゴ」を相手に授与しても、構文の適格性には影響しないのである。

次に、プロトタイプの"给"は授与を行った結果、実際に受け手が物を受け取ったことを示すかどうかについて検証してみよう。

(9)*大夫给了他点助消化的药,但是他还没有拿到药。

「医者は彼に消化をサポートする薬を渡したが、彼はまだもらっていない」の意

(10)*店主给了桑乔一把钥匙,但是桑乔还没有拿到钥匙。

「店主は桑喬にカギを渡したが、桑喬はまだもらっていない」の意

(11)*刘东给了家里四千元钱,但是家里还没有拿到四千元钱。

「劉東は家に四千元をあげたが、家はまだ四千元をもらっていない」の意

(12)*我给了他一台坏的电脑,但是他还没有拿到电脑。

「私は彼に壊れたパソコンを一台与えたが、彼はまだパソコンをもらっていない」の意

(13)*我给了小张一箱烂苹果,但是小张还没有拿到苹果。

「私は張さんに腐ったリンゴを一箱与えたが、張さんはまだリンゴをもらっていない」の意

　上記の用例が表すように、本動詞の"給"が表す行為は、結果として IO は必ず物（DO）を獲得するということが分かる。上記で言及した DO の位置変化と IO の状態変化はどちらも成立している。

　以上をまとめると、プロトタイプとしての二重他動詞の"給"は、典型的には、主語と IO の両方が人間であり、DO が具体物である。恩恵的な授与のみならず、非恩恵的な授与も容認できる。また、構文の意味的特徴としては、主語の働きかけによって、DO の位置変化や IO の状態変化が観察されるということである。

（14）プロトタイプとしての本動詞"給"：

　　　 S　　 給　　NP$_1$（IO）　NP$_2$（DO）
　　　［人間］　　［人間］　　［具体物］
　　　意味フレーム：S が IO に DO を授与する。DO の位置変化により、IO が状態変化する。

2.3　本動詞"給"のメタファーによる拡張

　「授与」というのは、もともと人間同士の間で行う物の遣り取りであるため、プロトタイプの"給"に関しても、主語と IO が共に人間であり、DO が具体物であるのが一般的である。しかしながら、プロトタイプの"給"構文からの拡張として、DO が抽象物である構文（第 2.3.1 節）、主語あるいは IO が人間ではない構文（第 2.3.2 節と第 2.3.3 節）も、日常的な言語使用において観察される。本節では、このような本動詞の"給"構文について分析を行う。

2.3.1　DO が抽象物である場合

　次のような用例は、いずれも DO が具体物ではなく、「時間」や「チャンス」「啓発」「感覚」「勇気」「パワー」など、抽象物を示すものである。

(15)因来访的人太多,孙正义只给了每人<u>20分钟</u>时间。

(《谁认识马云》①)

来訪する人が多いため、孫正義は一人につき20分のみを与えた。

(16)谢谢您给了我一个<u>商业机会</u>。

(《谁认识马云》)

ビジネスチャンスをくださって、ありがとうございました。

(17)何碧辉给了我们这样的<u>感悟和启迪</u>,一个人就是一本书。

(《1994年报刊精选》)

何碧輝は私たちにこのような悟りと啓発をくれた。一人の人間は一冊の本である。

(18)事实证明,父亲永远在那儿保护着我,他给了我充分的<u>安全感</u>,给了我生活的<u>勇气和力量</u>,使我有信心去面对尚是未知数的将来。

(《1994年报刊精选》)

事実が証明した。父は永遠にそこで見守ってくれていて、充分な安全感をくれて、生活への勇気とパワーをくれたので、まだ未知数の未来を直面する自信ができるようになった。

　具体的には、例文(15)では、IOの"每人(一人につき)"が、もともと"20分钟(20分)"という時間を支配する権利はない状態から、主語の"孙正义(孫正義)"の直接的な働きかけによって、この時間を支配する権利をもつようになったという状態の変化が観察される。ところが、抽象物である「20分」が主語からIOのところへ移動するという物の位置変化が見られないのは明らかである。例文(16)についても同様な振る舞いが見られる。

　一方、例文(17)と例文(18)では、抽象物の"感悟和启迪(悟りと啓

---

① コーパスから引いた例文の日本語訳は筆者による。以下同様。

発)"や"安全感(安全感)"などがIOである人物の自ら生み出したものであり、主語はその出現のきっかけとなった要因である。間接的な働きかけである点では、例文(15)及び例文(16)と異なるが、IOである人物が「悟りと啓発」や「安全感」がない状態から、そのような感覚が生み出された状態に変化したという点では例文(15)及び例文(16)に似ている。また、「悟りと啓発」や「安全感」が抽象物であるため、主語からIOへ移動するという物の位置変化が見られない点でも例文(15)及び例文(16)に似ている。

次の例文(19)—(22)で、構文のDOに位置しているのは名詞化された形容詞や動詞である。これらの用例も前述のような意味的特徴を有する。

(19)可是我在心里起誓了,让一让二不让三,他再来我就给他<u>个厉害</u>。

(《老上海电影画报续编·联华画报(第六册)》)

でも私は心の中で誓いを立てた。一回目と二回目は譲っても、三回目はもう譲らない。彼がまた来たら痛い目にあわせてやる。

(20)他一天在外,为国事操心,回到家来,你再给他<u>个不痛快</u>,还能怪他发点脾气吗?

(《老舍戏剧》)

彼は一日中外に居て、国の事に心を煩わしているから、家に帰ってあなたの不愉快な言葉を受けたら怒るのがあたりまえだよ。

(21)他想一走了之,躲开他们,给他<u>个不理不睬</u>。

(《蒋子龙》)

彼は逃げておしまいにしようと思った。彼らを離れ、相手にしてやらないことにする。

(22)"是啊!八爷你算对了!我想,我们要是普请亲友,既费饭又

费话,因为三姥姥五姨儿专好说不三不四的话;听着呢,真生
闷气,不听呢,就是吵子。不如给他个挑选着请!"

(《老舍长篇》)

「そう、八爺、そのとおりだよ。親戚のみんなを招いたら、料
理もお喋りもむだだ。三婆ちゃんや五伯母さんがくだらな
いことばかりを言うから、聞いてあげるとむかむかするが、
聞いてあげなかったら、また喧嘩になる。客を選んで招い
たほうがいいじゃないか。」

例文(19)と例文(20)では、DOの位置に"厉害"と"不痛快"という
形容詞、例文(21)と例文(22)では、"不理不睬"や"挑选着请"という
動詞が現れている。このタイプの"给"構文の構文的特徴として
は、DOである形容詞や動詞の前に数量詞"(一)个"を伴わなければ
ならないことが指摘できる。このような特徴から、これらの形容
詞や動詞は名詞化されていると考えることができる。

また、このような構文の意味的特徴として、例文(19)—(22)の
DO"厉害"(形容詞)、"不痛快"(形容詞)、"不理不睬"(動詞)、"挑选
着请"(動詞)は、抽象的なものであるため、DOの位置変化が考えら
れないという点が指摘できる。

ところが、例えば、例文(19)の示す形容詞の場合では、主語の直
接的な働きかけによって、IOの"他"は「痛い目にあっていない」状
態から「痛い目にあった」状態に変化することが想定される。また、例文(21)の動詞の場合も、主語である話者の直接的な働きかけ
によって、IOの"他"は「相手にしてくれない」という状態に陥るこ
とが窺える。

以上の分析から分かるように、プロトタイプの本動詞"给"は、
DOが具体物であるため、DOの位置変化やIOの状態変化が共に観
察される。これに対し、プロトタイプから拡張した"给"構文はDO
が抽象物である場合、DOの位置変化が観察できず、IOの状態変化

のみが含意されるということである。

(23)DOが抽象物である場合の"给"構文：

　　　S　　給　　NP₁(IO)　　NP₂(DO)

　　[人間]　　[人間]　　[抽象物]

意味フレーム：SがIOにDOをもつ状態にさせる。IOは状態変化するが、DOは位置変化しない。

2.3.2　主語が人間ではない場合

プロトタイプの本動詞の"给"構文では、トラジェクターとしての参与者が人間であることが一般的である。これに対し、このタイプの"给"構文は、次の例文(24)—(27)に示すように、トラジェクターとしての主語が人間ではないのが特徴である。

(24)这部框架大体上是五十年前构造起来的书,却给了我一种新鲜的感觉。

　　　　　　　　　　　　　　　　　　　　　　　　　(《读书》)

このフレームの構造が大体五十年前に出来た本だが、かえって一種の新鮮な感覚をくれた。

(25)这小小的成功给了他更多的信心。

　　　　　　　　　　　　　　　　　(《世界100位富豪发迹史》)

この小さな成功は彼に多大な自信を与えた。

(26)我忽然想起,我应该向她说说我的故事,这会给她一点启发吧!

　　　　　　　　　　　　　　　　　　　　　　　　　(《人啊,人》)

私はふと思いついた。私の話をすべきなのだ。彼女に少しは参考になるはずだ。

(27)货架一定要装满,这样可以给顾客一个商品丰富、品种齐全的直观印象。

　　　　　　　　　　　　　　　　　　　　　　　　　(CWAC)

食品棚は満ちていなければならない。そうであれば顧客に商品が豊富で、品種がそろっているという直観的な印象を与えることができる。

例文(24)と例文(25)では、主語に当たるものは"书(本)"と"成功(成功)"という物であるのに対し、例文(26)と例文(27)の主語は文章の意味する出来事であり、いずれも非情物である。このため、授与される物も具体物ではなく、"感觉(感覚)"や"信心(自信)""启发(啓発)""印象(印象)"といった抽象物である。

これは、第2.3.1節で述べたことに似ている。即ち、DOが抽象物であるため、物の位置変化が観察されない。一方、主語である非情物が原因で、IOである人物が自ら"感觉(感覚)"や"信心(自信)"などを生み出し、自分の中に"感觉(感覚)"や"信心(自信)"などがない状態から、それをもつようになったという状態に変化したことが含意される。

従って、拡張した"给"構文では、主語が非情物の場合、DOが抽象物であるのがほとんどであるため、DOの位置変化が見られないが、IOの状態変化が含意されるということになる。

(28)主語が人間ではない場合の"给"構文:

S　　给　NP₁(IO)　NP₂(DO)

[非情物]　　[人間]　[抽象物]

意味フレーム:Sが原因で、IOがDOを獲得する。これもIOは状態変化するが、DOは位置変化しない。

2.3.3　IOが人間ではない場合

第2.3.2節では、主語は人間ではない場合を見てきたが、本節では、IOが人間ではない場合を見てみよう。

(29)农夫们给了<u>土地</u>充足的肥料。

[作例:自然度1.00]

2 本動詞の"給"構文 | 025

農夫たちは土地に十分な肥料をやった。

(30) 他的慈爱的母亲在贫苦的生活中给了<u>他的童年</u>许多温暖。

（張 2010:620）

慈しみの母が貧しい生活の中で彼の少年時代に温かみをあげた。

例文(29)では、IOに当たるのは"土地（土地）"という非情物である。それに、DOが具体物の場合、プロトタイプの二重他動詞の"給"と同様、DOの位置変化やIOの状態変化が共に観察される。

また、例文(30)のように、DOが抽象物の場合、第2.3.1節で述べたように、DOの位置変化が観察できず、IOの状態変化のみが含意されるという意味的特徴をもつと言える。

(31) IOが人間ではない場合の"給"構文：

     S   給   NP$_1$(IO)   NP$_2$(DO)

［人間］   ［非情物］ ［具体物］/［抽象物］

意味フレーム：SがIOに働きかけ、IOがDOをもつようになる。

2.3.4　まとめ

以上では、プロトタイプの本動詞の"給"構文から拡張した二重目的語構文を見た。プロトタイプの"給"は、典型的には、主語とIOが人間であり、DOが具体物である。それに対し、拡張した"給"構文では、DOは抽象物で、主語及びIOは人間ではない場合がある。このような構文の意味的特徴として、DOが抽象物である時、DOの位置変化が見られなくなり、IOの状態変化のみが含意される。

そして、構文の主語が非情物である時、間接的な働きかけしかできないため、授与されるものも抽象物に限り、DOの位置変化が観察されず、IOの状態変化だけが見られる。

また、構文のIOが非情物である時、DOは具体物の場合は、DOの

位置変化とIOの状態変化の両方が観察される。一方、DOは抽象物
の場合は、前述のように、DOの位置変化が見られず、IOの状態変化
が含意されると考えられる。

　ここまでまとめたものを再掲すると、次のようになる。

（32）a. DOが抽象物である場合の"给"構文：

　　　　　　S　　給　　NP₁（IO）　NP₂（DO）

　　　［人間］　　　［人間］　　［抽象物］

　　　意味フレーム：SがIOにDOをもつ状態にさせる。IOは状
　　　態変化するが、DOは位置変化しない。

　　b. 主語が人間ではない場合の"给"構文：

　　　　　　S　　給　　NP₁（IO）　NP₂（DO）

　　　［非情物］　　［人間］　　［抽象物］

　　　意味フレーム：Sが原因で、IOがDOを獲得する。これもIO
　　　は状態変化するが、DOは位置変化しない。

　　c. IOが人間ではない場合の"给"構文：

　　　　　　S　　給　　NP₁（IO）　　NP₂（DO）

　　　［人間］　　　［非情物］　［具体物]/[抽象物］

　　　意味フレーム：SがIOに働きかけ、IOがDOをもつように
　　　なる。

　以上のような用法は、すべて「IOが（DOを獲得することに
よって）状態変化する」という点のみに着目した、プロトタイ
プの用法からメタファーによって拡張した用法であると考え
ることができる。

2.4　文末に動詞を続ける場合

　プロトタイプとしての"给"構文では、次の例文（33）に示すよう
に、「主語＋給＋IO＋DO」という順に現れるのが一般的である。

（33）张三给李四一本书。

［例文（3）を再掲］

　　張三は李四に本を一冊あげる。

　本節で考察するのは、上の構文の対象物であるDOの後にさらに動詞が続くタイプの"给"構文である。次の例文を参照されたい。

（34）老板给了我几个新的计划，给了我充分的空间发挥。

（《网络语料》）

　　社長はいくつか新しいプランをくれて、私が実力を発揮するために充分な空間をくれた。

（35）在比赛前一周，有报道说我在全明星选举的票数超过了奥尼尔，这确实给我添加了很多压力。……这又给了他一个理由生气，让他跟我对阵时更加粗野。

（《我的世界我的梦》）

　　試合の一週間前、ある報道によると、私はオールスター選挙で票数がオーニアを上回ったという。これは確かに私に多くのストレスを加えた。……これはまた彼に怒る理由を与え、彼は私と対阵する時にもっとがさつになった。

（36）马云给了他们3天的时间做决定。

（《谁认识马云》）

　　馬雲は彼らが決めるように3日をあげた。

　例文（34）—（36）では、授与の対象物に後続する動詞の主語は"给"のIOであることが分かる。"给"のDOのほうは、これらの文では後続する動詞のDOではなく、例文（34）であれば、"用这个空间发挥（この空間で発揮する）"、例文（35）であれば、"以这个理由生气（この理由で怒る）"、例文（36）であれば、"用这些时间做决定（この時間で決める）"のように、後続する動詞の修飾語であると解釈される。しかし、この構文の中には、後続する動詞の主語が"给"のIOを

兼ねるだけでなく、後続動詞の目的語も"给"のDOを兼ねている場合がある。

(37) 伍胡里的声音他马上听出来了,并请求给他饭<u>吃</u>。

(《努尔哈赤》)

伍胡里の声を彼はすぐ聞き分け、彼に食べるご飯をくれるように求めた。

(38) 在这儿有人给他吃的,还给他水<u>喝</u>。

(《人民日报》2000年)

ここには彼に食べ物をくれる人がおり、飲む水もくれる。

(39) 努尔哈赤见那人不报姓名,也不讲清缘由,估计可能是刺客一类。于是决定给他一点厉害<u>尝尝</u>。

(《努尔哈赤》)

ヌルハチはあの人が名前も申し込まず、理由もはっきり言わなかったから、暗殺者かもしれないと思った。彼を少し痛い目にあわせてやると決めた。

例文(37)—(39)でも、DOの後に続く動詞の主語は、"给"のIOである受け手だと解釈され、かつ動詞の表す動作の対象物は"给"のDOであると解釈される。例文(37)であれば、"吃饭(ご飯を食べる)"、例文(38)であれば、"喝水(水を飲む)"、例文(39)であれば、"尝尝厉害(痛い目を味わってみる)"ということである。

これらの構文を日本語に訳す場合には、二通りの可能性がある。一つは、後の動詞句Vを「目的」として、「Vするように与える」という訳し方である。もう一つは、後の動詞句Vを「結果」として、「与えてNP₁がVした」という訳し方である。

後者の意味では、"给"で表された「授与」が、受け手であるIOの次の行為を誘発するという点で、使役に似た意味をもっている。特に、DOが共に後続する動詞の目的語となる場合には、DOと後続する動詞の語順を入れ替えることにより、使役構文(例文(36)の示す

「S＋给＋NP₁＋V＋NP₂」)が成立することがある。

しかし、DOがIOに後続する本節の語順(例文(37)の示す「S＋给＋NP₁＋NP₂＋V」)では、"给"の本動詞としての「授与」が中心的な意味であり、「結果」としての後続する動詞の表す行為の実現は必ずしも含意されず、「目的」のみを表している場合もある。

(40)给他吃了饭,还给他喝了酒。(結果)

[作例:自然度1.00]

　　ご飯を食べさせて、お酒をも飲ませた。

(41)给他饭吃了,但是他没吃。(目的)

[作例:自然度1.00]

　　彼が食べるようにご飯をあげたが彼は食べなかった。

中国語には、参与者を共有する二つの動詞句が並置され、全体としては単文として一つの出来事を表す構文があり、後の動詞の主語を前の動詞の主語が兼ねる場合が「連動文」、前の動詞の目的語が兼ねる場合が「兼語文」と呼ばれる。①後の動詞句が「目的」のみを表すか、「結果」を表すかの二つの解釈が可能なのは、典型的には連動文の特徴である。

_____

① 劉・潘・故(1983:442)によると、"谓语由两个或两个以上连用的动词或动词短语构成的句子叫连动句。连动句的两个动词或动词短语共用一个主语(二つまたはそれ以上の動詞あるいは動詞フレーズが連用されたものが述語になっている文を連動文という。連動文では、連用されている複数の動詞あるいは動詞フレーズは主語を共にする)"。

　　また、劉・潘・故(1983:448)によると、"兼语句的谓语是由一个动宾结构和一个主谓结构套在一起构成的。即谓语中前一个动宾结构的宾语兼作后一个主谓结构的主语(兼語文とは、一つの動目フレーズと一つの主述フレーズが一部重なり合った形で述語ができているものである。即ち兼語文の述語において、前の動目フレーズの目的語は後の主述フレーズの主語を兼ねている)"。

　　なお、日本語訳は劉・潘・故(1988:594,602)による。

(42)他去北京买东西。

[作例:自然度1.00]

彼は北京に行って物を買う。/彼は物を買うために北京に
行く。

最初の動詞が"给"である例文(34)—(39)では、後の動詞の主語
が"给"のIOであり、連動文と解釈することはできないが、後の動詞
句が「目的または結果」を表しているという点は連動文と共通であ
る。動詞句連続の後の動詞の主語が前の動詞のIOとなるのは、動
詞句連続の最初の動詞句が二重目的語動詞句になる場合の共通の
特徴である。

(43)我送了她一本书看。

私は彼女に本を一冊贈って見させた。/彼女が本を見るよ
うに私は一冊贈った。

2.5 IOが現れない場合

プロトタイプの二重他動詞の"给"構文では、一般的には、IOと
DOの両方の存在が義務的である。しかしながら、構文前後の文脈
からIOの指示対象が了解されている場合、IOが省略され、DOだけ
が現れる場合もある。

(44)现在,虽然政府给了要继续种桑树的准确信息,但是农民仍在
种与不种之间徘徊。

(《1994年报刊精选》)

今、政府から引続きクワを植えるという確実な情報をも
らったけど、農民は相変わらず植えるか植えないかを決め
られない。

(45)为了这部书能够尽早出版,赵增益和陈癸尊都给了极大的支
持和关怀。

(《1994年报刊精选》)

この本ができるだけ早く出版できるために、趙増益と陳癸尊は極大な支持と配慮を与えてくれた。

例文(44)では、後の文脈からIOが"农民（農民）"であることが分かるため、"给"の直後に現れなくても構文は成り立つ。例文(45)でも同様に、本動詞"给"の後にIOが出現していなくても非文とはならない理由は、前の文脈からIOが「この本の作者」ということがすでに分かるからである。これらの構文では、「IOが省略されている」と考えることができる。しかし、次の用例は少し異なる。

(46) 7岁时我生了场病，我的肾有问题得吃药。但他们<u>给错了</u>药，我病得更厉害了。

（《我的世界我的梦》）

私は7歳の時病気で、腎臓に問題が出て薬を飲まなければならなかった。でも彼らが薬を間違えて渡したから、私の病気はさらにひどくなった。

(47) 两个<u>给完了</u>钱出了酒铺儿，一边儿走着一边儿聊着就出了城啦。

（《中国传统相声大全》）

二人はお金を払い終わったら居酒屋を出て、歩いてお喋りをしながら街を出た。

(48) 学习者也可以申请单独考试，教师通过Email将试卷发送给学习者，学习者提交答案后，教师<u>给出</u>评语。

（CWAC）

学習者は自分一人の試験を申請することもできる。教師にメールで答案用紙を送ってもらって、学習者が答えを提出した後に、教師から評語をもらうのである。

例文(46)―(48)では、IOが"给"の直後に出ていないが、前後の文脈から推測できる点は上記の例文(44)及び例文(45)に似ている。一方、本動詞の"给"の後の、IOの位置に、これに代わって"错（間違

える)""完(終わる)"などの結果補語や"出(出す)"を示す方向補語
を伴うことが、上記の例文(44)あるいは例文(45)と異なる。

　このことから、二重目的語構文では、動詞が結果補語や方向補語
を伴う場合には動詞の後にさらにIOを置くことができないことが
見られる。

　また、"给"は、「反復の制約」(第3章)があるため、"给"を介詞的
に用いて動詞の前にIOを置くことができない。このため、結果補
語や方向補語を伴うような"给"は、IOをもつことが難しい。IOが
構文に出現することができず、IOの状態変化は常に背景化
(background)される。それに、DOの行き先となるIOが構文に現れ
ないため、DOの位置変化が観察されるが、代わりにIOの位置に置
かれる結果補語や方向補語で示されたDOの状態変化のほうに認
知的な際立ちがある。これらの構文については、構文スキーマが
次のようになっていると見る。

　(49)S　給　R　NP₁

　　　"给＋R"の構文スキーマ

　　　"给＋R"のS:構文のS

　　　"给＋R"のDO:NP₁

　　　意味フレーム:SがNP₁を(誰かに)授与した結果、NP₁がRの状
　　　態になる。

　また、次のような用例はDOが構文の主語に立ち、結果補語だけ
が本動詞の"给"に後続する。このような構文では、Sも背景化さ
れ、DOの状態変化のみが前景化(foreground)されている。

　(50)(小费)<u>给多了</u>,心疼,<u>给少了</u>,丢份儿。

　　　　　　　　　　　　　　　　　　　　　　(《1994年报刊精选》)

　　　(チップは)多く支払えば痛い、少なく支払えば恥ずかしい。

　(51)当时想找活儿干的人很多,而工资也<u>给得不高</u>。

　　　　　　　　　　　　　　　　　　　　　　　(《读者(合订本)》)

当時は仕事を探す人が多くて、給料も高くなかった。

（52）这个问题真令人头痛，稿费<u>给少了</u>，没人写；想多给，又拿不出那么多。

（《人民日报》1995年）

この問題は本当にうんざりする。原稿料が少なかったら、書く人がいない、たくさん払いたいが、そんな多額のお金を出せない。

例文（46）—（48）及び（50）—（52）のような構文では、IOが存在するが、構文に現れることができず、義務的に背景化される構文となる。これは上記の例文（44）と例文（45）のような、IOが構文に現れることが認められるが、省かれている場合とは区別しなければならない。

また、プロトタイプの二重他動詞の"給"構文では、DOの位置変化とIOの状態変化が観察され、メタファーによる拡張は、このうちIOの状態変化のみに着目するものがほとんどである。

ところが、例文（50）—（52）のようなDOが主語となる構文は、このようなDOの位置変化もIOの状態変化も見られない。この構文の示す意味的特徴は、DOが"給"に後続する結果補語で表された状態変化を被るということである。

2.6　おわりに

以上では、プロトタイプの"給"構文、プロトタイプから拡張した"給"構文及び非典型的な"給"構文について考察した。

プロトタイプの本動詞"給"は、主語とIOは両方とも人間であり、DOが具体物であることが分かる。構文の意味的特徴に関しては、主語の直接的な働きかけによって、DOの位置変化とIOの状態変化が共に観察される。図式化すると、次の図2-1になる。

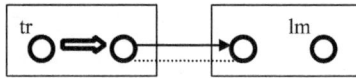

図 2-1

注:「tr」はトラジェクター、「lm」はランドマーク、「□□□」は支配領域、「⟹」
は働きかけ、「領域を越える──▶」は位置変化、「領域を越えない──▶」は状
態変化、「………」は同一要素を示す。以下同様。

　主語のSがトラジェクターとして、直接的な働きかけを行い、移
動物であるDOを自分の領域内から移動させ、結果としてランド
マークであるIOがそれを獲得することを表す。

　本動詞"给"のプロトタイプからの拡張として、DOが抽象物であ
る構文、Sが人間ではない構文、IOが非情物である構文についても
考察を行った。これらの構文は、それぞれメタファーによる意味
拡張の例である。

　DOが抽象物である場合は、DOの位置変化は観察されず、IOがDO
を獲得するという状態変化のみに認知的な際立ちがある。図式化
すると、次の図2-2になる。

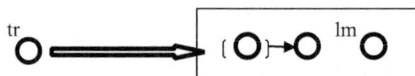

図 2-2

　DOである抽象物は、もともと主語であるトラジェクターの領域
内に存在する物ではなく、主語のSの働きかけによって、ランド
マークであるIOの領域内に生み出す物となる。

　構文の主語が人間ではない場合は、DOが主に抽象物である。こ
の種の構文の意味的特徴を図式化すると、次の図2-3になる。

図2-3

　主語のトラジェクターは非情物であるため、間接的な働きかけしかできない。そして、DOである抽象物が、主語の間接的な働きかけによって、ランドマークであるIOの領域内に生じることとなる。

　構文のIOが人間ではない場合は、DOは具体物の時、DOの位置変化とIOの状態変化の両方が観察される。一方、DOは抽象物の時、DOの位置変化が見られず、IOの状態変化のみが含意される。図式化すると、次の図2-4と図2-5になる。

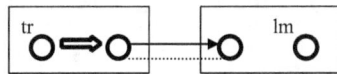

図2-4

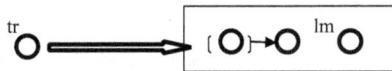

図2-5

　図2-4はDOが具体物の場合である。IOが非情物であるため、DOを獲得することが認識できないが、DOは主語の領域からIOの領域へ移動することが観察される。それに、非情物であるIOはDOが加わるという状態変化も見られる。

　図2-5はDOが抽象物の場合である。この場合は、IOが人間ではないため、DOを生じさせることが認識できない点以外に、上記の「DOが抽象物である"给"構文」に似た特徴が見られる。

　Sが人間である構文では、IOを主語とする動詞がDOに後続する構文がある。特に、DOがこの動詞の目的語である場合には、使役に似た意味になることがあるが、この場合でもSの行為により、IO

がDOを獲得する、という"给"の動詞としての意味は保たれている。本書では、このような構文を本動詞の"给"構文にさらに動詞がつく構文とみなし、本動詞の"给"構文から拡張した構文とみなさない。

　本章では、プロトタイプと異なる結果補語や方向補語を伴う文構造についても述べた。プロトタイプの"给"構文は、IOとDOの両方を要求するのに対し、このタイプの"给"構文は、IOが現れることができず、IOの位置に結果補語や方向補語のような補語成分が置かれる構造となる。このタイプの構文を図式化すると、次の図2-6になる。

図2-6

　この種の構文は、"给"の直後にIOではなく、DOの状態を示す補語成分が位置される。IOが構文に出現することができず、IOの状態変化は背景化される。また、DOの行き先となるIOが構文に現れないため、DOの位置変化が観察される場合もあるが、それよりDOの状態変化のほうに認知的な際立ちがある。

　最後に、"给"の主語が背景化され、代わって構文の主語としてDOが現れ、本動詞"给"の直後に結果補語のみが続く構文も考察した。図式化すると、次の図2-7になる。

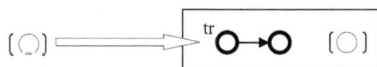

図2-7

　このタイプの"给"構文は、補語を伴う一種の結果構文であり、プロトタイプの二重他動詞の"给"と異なり、DOの位置変化やIOの状態変化が観察されず、DOの変化に認知的な際立ちがある構文である。

3 "给"的品词性

　"给"は、本動詞としての用法をもつほか、ほかの動詞との組み合わせでさまざまな構文に現れる。これらの用法では、第2章で述べた「与える」という意味がほとんど失われているものも多い。日本語に翻訳した時に、助詞の「に」に相当する場合や、「てやる」のような動詞構文になる場合、使役マーカー、受動マーカーに相当する場合など、語彙的な意味よりは文法化した意味をもつことも多い。このため、"给"の品詞性についての議論は、研究者によって意見が分かれている。

3.1　従来の先行研究の考え方

　钟(1959)は、中国語の"给"は元々他動詞であり、"V……给"構文や"V给"構文、"给……V"構文、"给V"構文(名詞句が省略される構文)の中の"给"は動詞から発展した用法であるが、名詞句を導く役割から、すべて介詞であると指摘する。

　向(1960)と杨(1960)は"给"を動詞、介詞、助詞に分けてそれぞれの用法を述べている。向(1960)は"V……给"構文を連動式と認め、また使役の意味を示す"给……V"構文を含め、これらの"给"の用法は本動詞の"给"と同様、すべて動詞と分類する。そして、Vに前置する"给"("给……V"構文)を介詞、Vの直前あるいは直後に現れる"给"("V给"構文と名詞句が省略される"给V"構文)を助詞と分類する。杨(1960)は、"V……给"構文、"给……V"構文及び"给V"構文については、向(1960)に似た考えを示すが、"V给"構文の"给"は介詞であると指摘する。

　胡(1960)は、動詞の直後に現れる("V给"構文)"给"を介詞と認めず、動詞と複合し、一つの複合語を構成すると認識する。つまり、"给"は一つの語素であるとする。

　朱(1979)では、次の例文(1)—(3)に示すような"V給"構文、連動式の"V……給"構文、"給……V"構文に現れる"給"は二つの名詞句(「体詞性成分」)をもつ「授与動詞」としての性質を満たしており、動詞であると主張する。ただし、Vに前置する例文(3)では、「授与」の意味を表す場合、"給"は動詞であるが、構文が「服務」の意味を表す場合、"給"は介詞であると述べる。

　(1)我送给他一本书。

（朱 1979:81）

　　私は彼に本を一冊贈る。

　(2)我买一辆车给妹妹。

（朱 1979:84）

　　私は車を一台買って妹にあげる。

　(3)我给妹妹买一辆车。

（朱 1979:84）

　　私は妹のために車を一台買う。

　例文(2)は連動文の例であるが、朱(1979)のように"給"を動詞とみる見方では、連動文や兼語文のような中国語固有の二動詞構文の単文を、例文(1)や例文(3)にまで拡大する解釈であると見ることができる。このことから、必須要素としてIOとDOをもつ二重他動詞構文を成す二動詞構文に現れる"給"を動詞と解釈していることが窺える。

　これに対し、例文(1)や例文(3)のように、「与える」という語彙的な意味に結び付かず、ほかに動詞("送、买")が存在する文での"給"を介詞や助詞のような機能辞とみる見解もある。

　施(1981:32-33)では、連動式の"V……給"構文と使役の意味を示す"給……V"構文における"給"を動詞とする。しかし、上の例文(1)のようなVに後置する"給"に対し、動詞の"送(贈る)"自体に"給(与える)"の意味が含まれているため、"給"が後続すると、動詞

"送（贈る）"の「与える」という語気を強調することができるため、"给"は動詞ではなく、助詞とされる。そして、上の例文（3）のようなVに前置する"给"に関しては、後続する名詞句、つまり、「与える」対象を紹介する役割を担うため、"给"は介詞とされる。

呂（1999：225-227）では、"给"は動詞、介詞、助詞という三つの品詞性をもつと主張する。次の例文（4）の本動詞の"给"と例文（5）の使役の"给"は動詞とされる。

（4）给了他一张票。

　　彼にチケットをあげた。

（5）你那本书给看不给看?

　　あなたのあの本を見せてくれない?

（呂 1999：225-226）

次の例文（6）のVに後置する"给"と例文（7）のVに前置する"给"は、共に名詞句を導くことから、介詞とされる。

（6）留给你钥匙。

　　鍵を残してあげる。

（7）教师给每个同学发了一份复习提纲。

　　先生は生徒みんなに復習用のレジュメを配った。

（呂 1999：226）

そして、例文（8）のように、直後に動詞句が現れるタイプの"给"は助詞とされる。

（8）他把衣服给晾干了。

　　彼は洋服を乾かした。

（呂 1999：227）

この分類は、多くの研究者に受け継がれており、"给"が動詞、介詞、助詞の三つの品詞性をもつとする先行研究（袁 1997など）が多い。中国社会科学院语言研究所词典编辑室（2012）でも、呂（1999）に似た分類をとっている。具体的には、次の例文（9）と例文（10）に

示すような、本動詞と使役の用法をもつ"给"は動詞と分類され、例文(11)と例文(12)のような、後に名詞句が後続する"给"は介詞と分類される。そして、例文(13)と例文(14)のような、直後に動詞句が現れる"给"は助詞とされる。

(9)叔叔<u>给</u>他一支笔。

叔父さんは彼にペンを一本あげた。

(10)农场拨出一块地来<u>给</u>他们做试验。

彼らが試験できるように、農場は土地を支出した。

(11)羊<u>给</u>狼吃了。

羊はオオカミに食べられた。

(12)我把刀子<u>给</u>他弄丢了。

私は彼のナイフを無くした。

(13)裤腿都叫露水<u>给</u>湿透了。

ズボンの筒は露で濡れてびしょびしょになった。

(14)弟弟把花瓶<u>给</u>打了。

弟は花瓶を壊した。

（中国社会科学院语言研究所词典编辑室　2012:442）

以上の内容をまとめると、次の表3-1になる。

表3-1

先行研究	本動詞"给"	"V……给"	"V给"	"给……V"	"给V"	"给……V"（使役）
钟（1959）	動詞	介詞	介詞	介詞	介詞	
向（1960）	動詞	動詞	助詞	介詞	助詞	動詞
杨（1960）	動詞	動詞	介詞	介詞	助詞	
胡（1960）	動詞		語素			

続　表

先行研究	本動詞"给"	"V……给"	"V给"	"给……V"		"给V"	"给……V"（使役）
朱（1979）	動詞	動詞	動詞	動詞	介詞		
施（1981）	動詞	動詞	助詞	介詞			動詞
呂（1999）	動詞		介詞	介詞		助詞	動詞
中国社会科学院语言研究所词典编辑室（2012）	動詞		介詞	介詞		助詞	動詞

3.2　本書の考え方

　しかし、従来の先行研究の多くのように"给"を動詞、介詞、助詞との三つに分類することには、問題がある。まず、例文(15)のような動詞の直後の"给"("V给")は、アスペクトの"了"や"过"が"给"の直後に現れるため、"给"と名詞句が分断されることがある。

(15)a. 留给你钥匙。

[例文(6)を再掲]

　　　鍵をあなたに残す。

　b. 我留给了你两把钥匙。

　　　私はあなたに鍵を二つ残した。

　c. 我留给过你两把钥匙。

　　　私はあなたに鍵を二つ残したことがある。

　通常の介詞は名詞句を導くため、次の例文(16)に示すように、名詞句を直後に伴わなければならない。

(16)a. 爸爸到这里走走。

[作例:自然度1.00]

　　　　父はここにきて散歩する。

　　b. *爸爸到<u>了</u>这里走走。

　　c. *爸爸到<u>过</u>这里走走。

　名詞句を導くことを根拠として介詞とする分析には、さらに大きな問題がある。第2章の第2.5節で、本動詞"给"のIOは、了解されている場合には省かれることがあると述べた。介詞と分類される"给"でも、多くの場合、了解されている後続の名詞が省略されても、構文の意味には影響を与えない。

　例えば、"给……V"構造を用いる受益用法(第5章)では、次の例文(17)に示すように、IOが了解される場合、省略されても構文の適格性に影響しない。

(17)a. 老元下乡检查回来,背了一大堆东西,元二嫂高兴地给<u>老元</u>开门。

　　　　　　　　　　　　　　　　　　　　(《人民日报》1993年)

　　　元さんが田舎から検査して戻って、たくさんの物を背負ってきた。元二姉ちゃんはニコニコしながら、元さんにドアを開けてあげた。

　　b. 老元下乡检查回来,背了一大堆东西,元二嫂高兴地给开门。

　　　元さんが田舎から検査して戻って、たくさんの物を背負ってきた。元二姉ちゃんはニコニコしながらドアを開けてあげた。

　また、授与構文(第4章)と受動構文(第6章)では、次の例文(18)bと例文(19)bのように、後続する名詞句が現れない"给"が助詞とされる場合があるが、a文のように、"给"に後続する名詞句が現れる場合もある。

(18)a. 张三给<u>李四</u>寄了一本书。

　　　張三が李四に本を一冊送った。

　　b. 张三给寄了一本书。

　　　張三が本を一冊送った。

［作例：自然度 1.00］

（19）a. 小王给<u>小李</u>打了。

　　　王さんは李さんに殴られた。

　　b. 小王给打了。

　　　王さんは殴られた。

［作例：自然度 1.00］

　辞書なども含め、従来の先行研究によれば、上の例文（17）—（19）のa文は、"给"の直後に名詞句があるため、"给"は介詞とされる。そしてb文は、直後に動詞句が後続するため、"给"は助詞とされる。このように、名詞句の有無を基準にし、"给"の品詞を決めると、例文（17）—（19）のそれぞれの共通性が捉えられない。

　また、上の例文（17）—（19）のa文のように、"给"の目的語を省略しても、b文に示すように、"给"は構文に残る。しかし、中国語の介詞は、"给"と同様に動詞に由来するものが多いが、一般に、補部となる名詞句が省かれて介詞だけが残ることはない。省略される場合は、介詞と名詞句の全体が省略される。

（20）a. 他<u>对毛泽东</u>的决定感到震惊。

（陈 2001:2）

　　　彼は毛沢東の決定に驚いた。

　　b. *他<u>对</u>感到震惊。

　　　「彼はに驚いた」の意

　　c. 他感到震惊。

　　　彼は驚いた。

（21）a. 姑娘每日都要<u>到这里</u>走走。

（陈 2001:67）

　　　女の子は毎日ここにきて散歩する。

  b. *姑娘每日都要<u>到</u>走走。

   「女の子は毎日にきて散歩する」の意

  c. 姑娘每日都要走走。

   女の子は毎日散歩する。

（22）a. 她<u>用</u>双臂搂着他的脖子，真的笑了起来。

（陈　2001：83）

   彼女は両腕で彼の首を抱きしめて、本当に笑い始めた。

  b. *她<u>用</u>搂着他的脖子，真的笑了起来。

   「彼女はで彼の首を抱きしめて、本当に笑い始めた」の意

  c. 她搂着他的脖子，真的笑了起来。

   彼女は彼の首を抱きしめて、本当に笑い始めた。

 例文（20）—（22）に示すように、a 文の介詞の目的語名詞句が省略され、介詞だけが構文に現れると b 文のように、いずれも非文である。c 文のような介詞も共に省略される構文は適格となる。

 このことから、上記の例文（17）—（19）に示すような“给”を含む構文では、名詞句が後続する“给”が介詞と判断するのは妥当ではないと考える。むしろ、動詞としての性質を引き継いでいると考えたほうがいい。

 第 2 章の第 2.5 節では、“给”を含む構文には「反復の制約」があり、次の例文（23）に示すように、“给”を介詞的に使い本動詞の“给”の前に IO をおくことが容認されないことを述べた。

（23）a. 我<u>给</u>老师<u>送</u>了一本书。

［作例：自然度1.00］

  b. *我<u>给</u>老师<u>给</u>了一本书。

   私は先生に本を一冊贈った。

 「反復の制約」は、“给”を示す介詞と動詞だけでなく、介詞と介詞、介詞と助詞の組み合わせにも適用される。

（24）a. 我替小李给小张当翻译。

［作例：自然度1.00］

　　b. *我给小李给小张当翻译。

　　私は李さんの代りに張さんに通訳をしてやった。

（25）a. 那辆车被我买给了妹妹。

［作例：自然度1.00］

　　b. *那辆车给我买给了妹妹。

　　あの車は私によって妹に買い与えられた。

　しかし、このような制約は、同じく動詞に由来する介詞の"在"に観察されない。

（26）他在晚上八点以后在。

［作例：自然度1.00］

　　彼は夜の八時以後に居る。

　例文（23）—（25）の"给"構文では、介詞の"给"、動詞の"给"及び助詞の"给"は、共に一つの構文に現れることができない。この「反復の制約」は、まさに"给"が、それぞれ動詞、介詞、助詞として存在して異なっている"给"ではなく、同一語の"给"であることを反映していると考える。

　ただし、この制約には例外がある。"给"の中には、「処置式」、つまりDO前置の"把"構文の"把"と置き換えが可能なものがある。これを、「処置式」の"给"と呼ぶ。

（27）玻璃给我划破了＝玻璃把我划破了。

　　私はガラスでひっかかれた。

　このような"给"は、「反復の制約」の例外となっており、"把"と同義の別の単語が派生している、と見られる。

（28）你看给他给气得＝你看把他给气得。

　　ほら見て、彼はどれだけ怒ったのか。

　従って、本書では、「処置式」を除く他の用法の"给"を、文法化に

よる機能辞の派生による同音異義ではなく、本動詞のプロトタイプからさまざまな構文への拡張による多義の関係にあるとみなす。

また、本書では、動詞句に後続する次のような"给"については、連動文と分析し、構文の拡張とはみなさない。

(29)我买了一辆车给妹妹。

（朱　1979:84）

　　私は車を一台買って妹にやった。

(30)农场拨出一块地来给他们做试验。

（例文(10)を再掲）

　　彼らが試験できるように、農場は土地を支出した。

例文(29)は、中国語においては、典型的な連動文の後の動詞として"给"が現れているという解釈しかもたない。前の動詞と共通の主語とDOが省かれてはいるが、動詞としての意味は"给"単独の場合と変わらない。

例文(30)も連動文であるが、"给"の後にさらに動詞がある。この動詞の主語は"给"の目的語であり、兼語構造の使役構文となる。ただし、例文(30)の使役は、連動文の後の要素としてしか成立しない。

第2章の第2.4節では、"给"のDOの後に動詞が後続する構文を取り上げたが、中国語においては、共通の主語や目的語をもつ二つの動詞が構成する構文が多い。介詞とされる"给"も、そのような動詞構文であると考える。

品詞論を離れて"给"の多義の間の関係を論じる立場としては、太田(1956)のように、"给"の「授与動詞」としての性質に正面から着目する先行研究もあるが、多くは介詞としての用法の多義の間の派生関係に限定されたものとなっている（袁 1997など）。中国語の他動詞が連動式において前置詞的に機能するという趙(1968:

297)の指摘をはじめ、動詞に由来する介詞が動詞の特徴を残しており、二つの間が分かちがたいことは中国語学の常識となっている。このことを踏まえ、"給"を動詞とするか介詞とするかには踏み込まず、介詞としてのさまざまな用法を多義とみなす立場である。この場合、受動用法の場合を含め、"給"に後続する名詞句がどのような意味役割をもつかを中心に調べ、その間の派生関係を考える。しかし、本書では、"給"を動詞と考え、これが第2章で述べたような異なる構文をもつため、介詞としての用法も"給"の動詞としての用法のうちどれであるかを考慮して分析すべきであると考える。

"給"のプロトタイプとしては、第2章において、DOとIOをもち、IOの状態変化に認知的な際立ちがあるスキーマ(第2.3節)と、補語を伴い、IOが背景化され、DOの状態変化に認知的な際立ちがあるスキーマ(第2.5節)があることを述べた。第4章と第5章では、この二つの構文の拡張と見られる構文について詳しく論じる。

第4章では、動詞の直後に"給"が現れるIO後置の"V給"構文について論じる。この構文は、本動詞の"給"と同じく、"V給"の直後にIOを伴う二重他動詞構文である。

第5章では、"給……V"構文のうち、IOを前置する二重他動詞構文と見られるさまざまなタイプ(授与構文・位置移動構文・再帰的行為を表す動詞の脱再帰構文・受益構文)について論じる。これらの構文は、すべて"給"と他動詞が形成する二動詞構文(拡張連動文)であるが、二重他動詞としてのスキーマは維持している。構文ごとに、IOとDOの意味役割が特定され、これらがネットワークを成していると考える。

第6章では、受動構文や"把……給"構文を、補語を伴い、IOが背景化され、DOの状態変化に認知的な際立ちがある構文からの拡張としてまとめ、その成立条件を記述する。

　これらの構文において、"给"が介詞ではなく動詞であると考えるのは、"给"に後続するIOだけでなく、常に文のどこかにDOが存在しなければいけないからである。このことは、「介詞」とされる"给"が共起する動詞が、"V给"構文でも"给……V"構文でも、ほぼ他動詞か二重他動詞に限られていることに反映されている。受動構文やDO前置構文である"把……给"構文では、IOが背景化されているが、動詞は他動詞であり、この目的語の変化を含意するような構文でなければならない。これらの、二重他動詞あるいは他動詞としてのスキーマを保って拡張した構文が、これらの目的語がどのような意味フレームをもつかに応じてネットワークを構成していると考える。

4 "V给"形式の二重目的語構文

4.1 はじめに

本章では、"V给"構文について考察する。"V给"構文は、典型的に以下のような語順で現れる。

(1)S　V给　NP₁　NP₂

　　我送给他一支铅笔。

　　私は彼に鉛筆を一本贈った。

"给"に後続する目的語がNP₁とNP₂の二項であるため、二重目的語構文を構成する点や、NP₁が人間であるのに対してNP₂が物であることは第2章のプロトタイプの"给"構文に似ている。

しかし、プロトタイプの"给"構文では、"给"が単独で二重他動詞として機能しているのに対し、本章で取り扱う"V给"構文では、「V＋给」という形式になっており、その全体が単一の二重他動詞を構成する。また、プロトタイプの"给"構文では、NP₁が文脈で了解されている場合は、NP₁が省略されてもいいのに対し、"V给"構文では、一般的にNP₁の出現が必須である。

"V给"構文のVには、単独でも二重他動詞として現れうるものと、単独では二重他動詞としての用法をもたないものが二つある。このことから、"V给"構文は、"给"の構文スキーマが"V"本来のスキーマの「拡大構文スキーマ（augmented constructional schema）」（Langacker 2008：249）として拡張されたものであると考える。[1]

(2)"给"の構文スキーマの"V给"構文への実現

　　"V给"のS：S

　　"V给"のDO：NP₂

　　"V给"のIO：NP₁

---

[1] Langacker(2008)では、英語の作成（creation）、準備（preparation）、獲得（acquisition）の意味の他動詞の二重他動詞としての用法にこの用語を用いている。

意味フレーム：Sが働きかけVを行いNP$_2$の位置を変化させる、またはNP$_2$を発生させた結果としてNP$_2$の位置がNP$_1$の接近可能な領域内になる。

　第2章で述べたように、"给"を動詞と見る朱（1979）は、中国語の二重他動詞のうち、「授与」の意味を表すものは基本的に"V给"の文型で現れるとするが、動詞単独で二重他動詞となる「授与動詞」は、"V给"の「緊縮形式」である、とみなしている。ただし、"V给"で二重他動詞となる「授与動詞」の中には、動詞単独では二重他動詞構文にならず、IOを前置する"给……V"構文をとるものも多い。本章ではまず、朱（1979）による分類を第4.2節でまとめ、そして第4.3節以降で問題点を指摘する。

4.2　二重他動詞による授与構文

　中国語で二重目的語構文をとる動詞には、IOがDOの受け手となる「授与動詞」のほかにも、IOがDOの移動の起点となる「取得動詞」がある。例文（3）と例文（4）が「授与動詞」、例文（5）と例文（6）が「取得動詞」の例である。

　（3）我送他一支铅笔。

[作例：自然度1.00]

　　私は彼に鉛筆を一本贈った。

　（4）他卖我一本书。

[作例：自然度1.00]

　　彼は私に本を一冊売ってくれた。

　（5）他收了我五元钱。

（朱　1979：82）

　　彼は私から五元をもらった。

　（6）他偷了人家一把斧子。

（朱　1979：82）

彼は他人の斧を一本盗んだ。

　朱(1979)は、上記の例文(3)—(6)のような、動詞が単独で構成する二重目的語構文(S4)を含め、"V给"構文(S1)、"V……给"構文(S2)、"给……V"構文(S3)という四種類の構文を取り上げ、それぞれの構文の意味的特徴と相互関係について論じている。各構文が用いる動詞のクラスに関しては、"V给"構文に入る動詞は主に「授与」の意味をもつ動詞であり、"给……V"構文に入る動詞は「取得」の意味と「製作」の意味を有する動詞であり、この三分類の動詞はいずれも連動式の"V……给"構文に出現することができる。そして、動詞が単独で構成する二重目的語構文を"V给"構文の「緊縮形式」とする。まとめと、次の表4-1になる。

表4-1

種類	意味	S1 ("V给" 構文)	S2 ("V…… 给"構文)	S3 ("给…… V"構文)	S4 ("V" 構文)
卖类(「売る」類)	授与	+	+	−	+
寄类(「差し出す」類)	授与	+	+	+	−
写类(「書く」類)	授与	+	+	+	−
炒类(「炒める」類)	製作	−	+	+	−
买类(「買う」類)	取得	−	+	+	+

　上の例文(3)—(6)のような二重他動詞構文のうち、「授与動詞」だけが"V给"構文に現れる。これらの前項動詞を朱(1979)は"卖类(「売る」類)"と呼び、動詞自体が常に「授与」の意味を内包するとする。

（7）我送给他一支铅笔。

　　私は彼に鉛筆を一本贈った。

（8）他卖给我一本书。

　　彼は私に本を一冊売った。

朱（1979：82）では、「授与」の意味を次のようにまとめている。

　①存在着A（与者）和B（受者）双方。

　　（A（与え手）とB（受け手）が存在する。）

　②存在着A所与,亦即B所受的C（事物）。

　　（Aが与える対象物、即ちBが受け取るC（事物）が存在

　　する。）

　③A主动地使C由A转移至B。

　　（Aは積極的にCをAからBに移動する。）

　朱（1979）でいう「授与」は、動詞“扔（投げる）”や“踢（蹴る）”のような「動作動詞」から「使役移動動詞」への拡張と見られるものも含んでおり、「移動物」と「受け手」をプロファイルするような構文に現れるものを幅広く含んでいる。

　これに対し、動詞の用法に応じ、「授与」の意味をもったりもたなかったりする動詞は、「授与」の意味をもつ場合には、“V给”構文、“给……V”構文及び（本書では連動文として扱う）“V……给”構文のいずれかで現れ、V単独では二重目的語構文とはならない。このような構文上の特徴をもつ動詞が、朱（1979）の“寄类（「差し出す」類）”と“写类（「書く」類）”である。“寄类（「差し出す」類）”は、動詞本来の意味としては「授与」を含意するが、用法によっては受け手が背景化される動詞である。“写类（「書く」類）”は、動詞本来の意味では「授与」を含意しないが、目的語によっては「授与」が含意される動詞である。“寄类（「差し出す」類）”と“写类（「書く」類）”の例

は次の例文（9）と例文（10）のようになる。

（9）他留＊（给）小王一个座位。

　　彼は王さんに席を一つ残した。

（10）他写＊（给）校长一封信。

　　彼は校長に手紙を一通書いた。

（朱　1979:82）

　これらの動詞の上記の用例では、「受け手が含意される」という特徴がある（邵　2009）ことから、"给"が動詞に後続することが容認される。施（1981:31-33）によれば、"V给"構文のVに関しては、"卖类（「売る」類）"が示すのは一つの動作行為であるのに対し、動詞自体には「授与」の意味が含まれていない"寄类（「差し出す」類）"と"写类（「書く」類）"が示すのは、「Vした後に与える」という二つの分離された動作行為である、とされる。

　しかし、「Vした後に与える」という二つの行為から構成される行為連鎖は、構文としても「受け手が含意される」ことのない動詞、つまり、朱（1979）の"炒类（「炒める」類）"では、"V……给"構文即ち連動文と"给……V"構文が可能であり、"V给"構文は用いられない。

　また、朱（1979）の"卖类（「売る」類）"は、行為連鎖とみなされるが、連結が一つしかない（一つの動作行為である）最小限の行為連鎖の点で"寄类（「差し出す」類）""写类（「書く」類）"と異なる。"给……V"構文では「授与」の意味にはならず、"给"が導くのは、授与行為の受け手ではなく、受益者の意味に解釈しうる目的語である。"炒类（「炒める」類）"の"给……V"構文は、"给"が授与行為の受け手を導く場合、"给"は動詞であるが、この構文の"给"が導くのは、受益者であるため、"给"は動詞ではなく、介詞とされる。同じ"给……V"構文に対してVの種類に応じた異なる品詞性を主張していることになるが、この点については第5章で問題にする。

　朱（1979）によれば、"卖类（「売る」類）"の動詞は、単独の二重目的

語構文と"V給"構文、"寄类(「差し出す」類)""写类(「書く」類)"の
動詞は"V給"構文と"給……V"構文のそれぞれ二つの同義の構文
をもつことになるが、これらの同じ動詞での構文に応じた意味と
用法の違いを論じたのが関(2001)である。"寄类(「差し出す」類)"
"写类(「書く」類)"の動詞の"給……V"構文については第5章で改
めて述べることにし、本章では主として二重目的語構文としての
"V給"構文の特徴について検討する。

　"V給"構文ではない二重目的語構文の「授与動詞」では、受け手
の存在が含意されるが、この受け手が了解されていれば受け手は
省略されてもいい。

　(11)我<u>送</u>一支铅笔。

　　　　私は鉛筆を一本贈った。

　(12)他<u>卖</u>一本书。

　　　　彼は本を一冊売った。

　しかし、"V給"構文では"V給"の直後に必ず受け手が現れなけれ
ばならない。

　(11)'我<u>送给</u>*(他)一支铅笔。

　　　　私は彼に鉛筆を一本贈った。

　(12)'他<u>卖给</u>*(我)一本书。

　　　　彼は本を一冊私に売ってくれた。

　このように"V給"構文で授与の受け手が必須項になる点に着目
し、関(2001：164)では、"V給"構文の"給"が「事物の受領者への『到
達』を顕在化する」ものとして、認知言語学的な構文観では「受領者
に強い認知的な際立ちが置かれた文型」とする。関(2001)が着目
するのは、"V給"構文の「特定の受領者に対する特定の行為」への
限定であるが、これは以下のような観察に基づくものである。

　　　　①特定の受領者をもつ文では"V給"構文が選択されや

すい。

②特定の事物が動詞より前に現れる構文(「P前置型構
　文」)では"V给"構文が選択されやすい。

　この観察は概ね同意できるものであるが、「P前置型構文」にお
ける"V给"構文は、朱(1979)の"卖类(「売る」類)""寄类(「差し出
す」類)""写类(「書く」類)"以外の動詞にも及んでいる。次の例文
(13)—(15)は、現代語コーパスで見られる"买类(「買う」類)"の動
詞を用いた"V给"構文の例である。

(13)曹操说,好嘛,无主田亩收归国有,统统<u>收给</u>他自己的政府
　　所有。

（《易中天品三国》）

　　曹操は言った。よし、持ち主のない田圃は国が所有し、(田
　　圃が)すべて彼自身の政府に収められた。

(14)希腊神话中的神祇,因把天火<u>偷给</u>人类而受到了宙斯的惩罚。

（《荆棘鸟》）

　　ギリシアの神話の中の神が天の火を人類に盗んでやった
　　(盗み与えた)ため、ゼウスに罰せられた。

(15)当我六岁的时候,我想要一整套火车玩具,结果老爸不肯<u>买</u>
　　<u>给</u>我。

（《沃伦・巴菲特和比尔・盖茨的对话》）

　　私は6歳の時に、汽車のひとそろいのおもちゃが欲しかっ
　　たが、結局パパは買ってくれなかった。

　これらの動詞は、先の例文(5)と例文(6)のように単独ではIOが
事物の移動の起点となるものもあるが、"给"が後続するのは「授与
動詞」と同様に事物の受け手となり、起点は背景化される。ただ
し、これらの「P前置型構文」では、Vの後にあるべきDOが前置され
ているため、"V给"の語順だけでは"V给"構文と"V……给"構文

（連動文）の区別ができない。にもかかわらず、"V給"構文とみなすべきであるという点については後述する。

　以上第4.2節では、朱（1979）の動詞の分類に基づき、動詞の意味が"V給"構文の成立に大きく関係していることを確認した。"卖类（「売る」類）"はもともと二重他動詞であり、"V給"構文でも二重目的語構文を構成する。"寄类（「差し出す」類）""写类（「書く」類）"の動詞は、本来IOをとらないが、意味的に受け手が含意されるため、"給"が加わることによって安定した二重目的語構文を構成する。最後に、「製作」以外の動詞、"买类（「買う」類）"という「取得」の意味を示す動詞は、関（2001）の「P前置型構文」の形であれば、"V給"構文が成立しうる。

　第4.2節では、"寄类（「差し出す」類）"と"写类（「書く」類）"の動詞を見たが、次の第4.3節では「取得」「製作」及びそれ以外の意味を示す動詞について詳しく見てみよう。

4.3　「授与」の意味を持たない動詞の"V給"構文

　第4.2節で触れたように、朱（1979）では、「授与」の意味を有する動詞は"V給"構文をとる。「取得」「製作」の意味を有する動詞はもともと「授与」の意味が含意されないため、"V給"構文に出現することができず、"給……V"構文と"V……給"構文が用いられるとされている。これらの構文は、「授与」とそれに先立つ「取得」「製作」をそれぞれの動詞句構造に分離して表す二動詞構文であると考えられる。

　この分類は、「授与動詞」をめぐる言語の類型論的研究でもしばしば参照されており、中国語の「V＋授与動詞」の構造として"V給"構文を取り上げる場合、前項動詞の意味的特徴に関して、「製作動詞」や「取得動詞」がこの構文に生起しにくいと主張する研究は多い。

　例えば、井上（2011:38-48）は、日本語、韓国語、中国語の三つの言

語を比較し、Vが他者へのモノの移動を引き起こす動作を表す場合、日本語、韓国語、中国語のいずれも「V＋授与動詞」という複合動詞が作られるが、Vがモノの作成、モノの入手を表す場合、日本語と韓国語では「授与動詞」相当の複合動詞が作られるのに対し、中国語では複合動詞の"V给"が成立しにくいと指摘する。

　また、澤田(2014)は、まず日本語の「授与動詞」構文の構文パターンを分類し、その分類をもとに、韓国語、マラーティー語及び中国語というアジアの諸言語を対象に、「V＋授与動詞」構文の前項動詞の対照を行っている。前項動詞のクラスに関して、中国語の"V给"の基本的な使用範囲は、所有変化動詞、位置変化動詞（本書は「使役移動動詞」という）を表す動詞のみで、「製作動詞」や「取得動詞」が生起しにくく、その他の意志動詞及び無意志動詞が使えないとされる（澤田　2014:52-55）。

　これらの日本語との対照研究には、「V＋授与動詞」という語順のみに着目した分析となっており、中国語の他の"给"構文を参照していない、という点で問題がある。「取得」「製作」の意味の動詞でも"给……V"構文への拡張は可能である。日本語と中国語の「授与動詞」構文の大きな違いは、少なくとも"V给"構文と"V……给"構文に関する限り、中国語の"给"を用いる構文では「事物の授与」に終わるような行為でなければ用いることができないのに対し、日本語の受益構文である「～てやる」や「～てくれる」は事物の移動がない場合でも使用できる、という点である。

（16）美しいピンクのミニシクラメンの花が咲いてくれた。

（『朝日新聞』2003年）

（17）北海道から久しぶりに娘が孫を連れて里帰りした。長いこと来なかった孫のため、年のことも忘れて張り切り、毎日、孫の喜ぶ所へ連れて行ってやった。

（『朝日新聞』1999年）

（18）2人の世話をした児童相談所の元職員(63)は「幸せになって
　　　くれていると信じています」。

（『朝日新聞』2001年）

（19）7歳だった拓優君のそばにいてあげたかった。アルバイト
　　　の経験を生かし、自宅のそばに喫茶店を開こうと決めた。

（『朝日新聞』2014年）

　　例文(16)—(19)では、事物の授与が観察されないため、"给"を用
いる構文で中国語に訳すことができない。"V给"構文と"V……给"
構文では、Vが他動詞でなければならず、自動詞や状態動詞はVを構
成することができない。しかも、Vの目的語は"给"が要求する授与
行為のDOとして、IOに対して授与される対象であると解釈される。

　　朱(1979)は、"V给"構文のVは、その構文的意味として「授与」を
含意しなければならないとしている。"写(書く)"は動詞であるが、
"信(手紙)"のような、本来「授与」を含意するようなDOをもつ場合
には"V给"構文が成立する。そうではない「取得動詞」は、目的語
が表す対象物が授与される場合には、連動文となり、「授与」を表す
"给"がVとは分離した構文となる。

（20）a. 我母亲<u>买</u>了一件毛衣<u>给</u>父亲。

　　　b. *我母亲<u>买给</u>了父亲一件毛衣。

　　　　私の母は父にセーターを一枚買った。

　　しかし、DOが動詞の前に置かれる構文では、"给"がVの直後に
現れるのことは、「取得動詞」を例に第4.2節で述べたとおりであ
る(例文(13)—(15))。現代語コーパスにはほかの動詞の例も現
れている。

（21）陕西省5年内3.7万户教工迁新居　顺义县将最大块"蛋糕"
　　　<u>切给</u>教育。

（《人民日报》1995年）

　　陕西省は5年以内に3.7万世代の教職員を新築に引っ越しさ

せた。順義県がケーキの最大の分け前を教育に切ってやっ
た(切り与えた)。

　例文(21)は「動作動詞」の例であるが、特定指示をもつDOが介詞
"将"を伴って動詞に前置される「処置式」の例である。「処置式」と
いう名称は、行為によるDOの変化に焦点を当てる機能をもつ構文
であり、動詞が補語を伴うなど、DOの変化が明示されていなけれ
ばならないが、この例文では"给"に導かれた受け手への到達が「処
置」の内容となっており、"给"及び"给"に導かれる受け手が必須の
要素であると言える。

(22)a. *順义县将最大块"蛋糕"切。

　　 b. *順义县将最大块"蛋糕"切给。

　　 c. 順义县将最大块"蛋糕"切给教育。

　　　　順義県がケーキの最大の分け前を教育に切ってやった
　　　　(切り与えた)。

　しかし、「製作動詞」は、上記のように、"将"や"把"を用い、IOを動
詞の前に置いても、"V给"構文が成り立たない。

(23)a. *我母亲织给了父亲一件毛衣。

　　 b. *我母亲把那件毛衣织给了父亲。

　　 c. 我母亲给父亲织了一件毛衣。

　　　　私の母は父にセーターを一枚編んであげた。

　前述のように、「製作動詞」は「授与」の意味をもたないため、例文
(23)aのような"V给"構文が構成できない。例文(23)bのような
"把"を用いるDO前置の"V给"構文も構成できない理由は、「製作
動詞」が「材料を使い、何かを作り出すこと」を表し、構文のDOは結
果として作り出されるものを表す「結果目的語」名詞句であり、「処
置対象」ではないからである。

　このように、「製作動詞」は例文(23)cの"给……V"構文しか使用
できない。"给……V"構文の意味的特徴は第5章で詳しく分析

する。

　次に、上記のようなDO前置構文は"V给"構文であり、"V……给"構文の目的語がない場合ではないことを説明する。

（24）最大块"蛋糕"切给了教育。

　　　ケーキの最大の分け前が教育に切られた（切り与えられた）。

（25）a. 我母亲买了一件毛衣给父亲。

　　　　　　　　　　　　　　　　　　　　［例文（20）aを再掲］

　　　私の母は父にセーターを一枚買った。

　　b. *那件毛衣买了给父亲。

　DOの前置によって行為者が背景化される受動文においても、例文（24）のように"V给"の語順が成立する。この場合には、"V给"構文の受動文と同じ語順となる。連動文は通常は受動文にならないので、例文（25）aのような連動文としての解釈はもはや成り立たない。

　関（2001）が指摘するように、DO前置構文（「P前置型構文」）では、単一の授与行為を表す「授与動詞」構文でも"V给"構文が選択されやすい。この種の「P前置型構文」は、行為の結果としての事物の受け手への移動に認知的な際立ちを与える構文として、「授与」の意味を示す動詞だけでなく、特定の対象への働きかけを含意する動詞一般に拡張していると考える。

4.4　"V给"構文の拡張のプロセス

　本節では、"V给"構文の拡張のプロセスとして、本動詞である二重他動詞の"给"構文の用法から、"给"以外の二重他動詞と融合し、「受け手が含意される」他動詞と結び付けることを経て、二重他動詞以外の動詞での物の「授与」を含意する"V给"構文に拡張することを説明する。

　第2章でも触れたように、プロトタイプとする本動詞の"给"構

文は次の例文(26)に示すように、二重目的語構文を構成すること
が一般的である。

(26)S　給　NP₁　NP₂

　　张三给李四一本书。

（盧　1993：61）

　　張三は李四に本を一冊あげた。

　しかしながら、"給"以外にも、例えば次の例文(27)に示すよう
に、単独で二重目的語構文が成り立つ動詞もある。

(27)S　送　NP₁　NP₂

　　我送他一支铅笔。

［作例：自然度1.00］

　　私は彼に鉛筆を一本贈った。

　プロトタイプの二重他動詞の"給"はまず、同じく二重他動詞で
ある例文(27)の"送"のような動詞と結び付き、次の例文(28)に示
すような二重目的語構文を作る。

(28)S　送給　NP₁　NP₂

　　我送给他一支铅笔。

［作例：自然度1.00］

　　私は彼に鉛筆を一本贈った。

　朱(1979)は、"V給"構文が「授与」を表す二重目的語構文の本来
の形式であり、語義として本来「授与」を意味する動詞の場合が、
「緊縮形式」として動詞単独で二重目的語構文をとる、とする。こ
の考え方では、"給"自体も本来は"給給"の緊縮であるということ
になる。ただし、"V給"構文の二重他動詞構文では、IOの省略が許
されない点で、動詞単独の二重目的語構文とは異なる。次の例文
(29)と例文(30)を見てみよう。

(29)a. 我送他一支铅笔。

［作例：自然度1.00］

私は彼に鉛筆を一本贈った。

b. 我<u>送</u>一支铅笔。

私は鉛筆を一本贈った。

（30）a. 我<u>送给</u>他一支铅笔。

［作例：自然度1.00］

私は彼に鉛筆を一本贈った。

b. *我<u>送给</u>一支铅笔。

私は彼に鉛筆を一本贈った。

「授与動詞」が単独で用いられる構文が"给"と融合し、拡張される構文は図式化すると、次の図4-1になる。

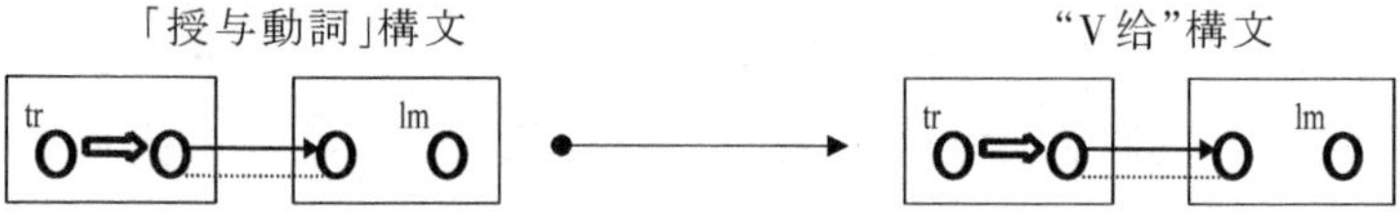

「授与動詞」構文　　　　　　　　　"V给"構文

図4-1

　もともと「授与」の意味をもつ二重他動詞は単独で二重目的語構文を構成することができる。このような構文で、トラジェクターはランドマークの受領者（IO）に移動物を授与することを意味する。"给"はこのような動詞に後続し、"V给"構文となり、受領者をランドマークとして、これに認知的な際立ちを与える二重目的語構文であると考える。

　"寄类（「差し出す」類）"や"写类（「書く」類）"のような「差し出す」行為や「手紙を書く」行為は、「授与」の意味をもつが、常に受け手の存在が含意されている。しかし、これらの受け手は、動詞単独の構文では参与者としてプロファイルされていないため、二重目的語構文が構成できない。

（31）a. 张三寄了一本书。

［作例：自然度1.00］

  b. *张三寄了<u>李四</u>一本书。

  　張三は(*李四に)本を一冊送った。

(32)a. 他写了一封信。

[作例：自然度1.00]

  b. *他写了<u>校长</u>一封信。

  　彼は(*校长に)手紙を一通書いた。

　"寄类(「差し出す」類)"や"写类(「書く」類)"のような動詞は、"给"が後続されると、"V给"構文を構成し、新しく成立した"V给"構文は、受け手に認知的な際立ちを与えて必須のIOとする。

(33)a. 张三寄给了<u>李四</u>一本书。

[作例：自然度1.00]

  b. *张三寄给了一本书。

  　張三は*(李四)に本を一冊送った。

(34)a. 他写给了<u>校长</u>一封信。

[作例：自然度1.00]

  b. *他写给了一封信。

  　彼は*(校长)に手紙を一通書いた。

　"寄类(「差し出す」類)"や"写类(「書く」類)"のような「授与」の意味をもつが、動詞単独で二重目的語構文が成り立たない動詞は、"给"が後続されることによって、二重目的語構文が成立するようになる。図式化すると、次の図4-2になる。

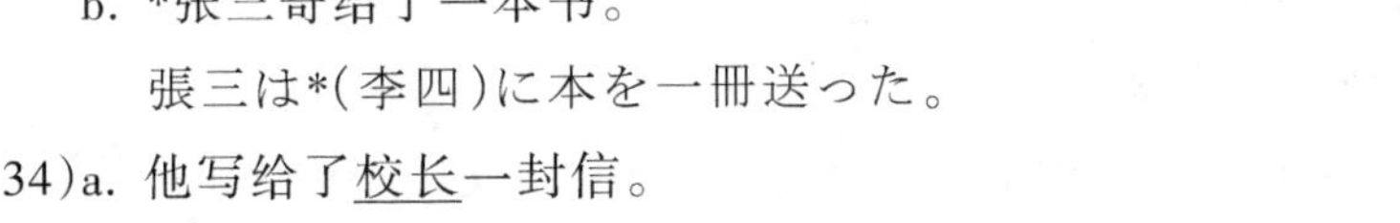

図4-2

　"寄类(「差し出す」類)"や"写类(「書く」類)"のような動詞が単独で構成する構文は、トラジェクターがランドマークの具体物を移

動させることを意味する。受領者が含意されるが、構文の参与者としてプロファイルされていない。このような構文は"给"と融合することによって、"V给"構文を構成し、構文は具体物の受領者をランドマークとして、これに認知的な際立ちを与える二重目的語構文となる。

さらに、移動物がランドマークとしてプロファイルされる場合は、"把"や"将"を用い、移動物を動詞の前におく構文がとられる。このような構文は、Vが「授与」の意味をもつ動詞だけでなく、「取得動詞」や「動作動詞」などさまざまな動詞に拡張される。この場合は、二つの分離された動作行為のうち、結果として生じるDOのIOへの移動に焦点が当てられている。この種の構文は次のような語順で現れる。

（35）S　把/将　NP$_2$　V给　NP$_1$

希腊神话中的神祇,因把天火偷给人类而受到了宙斯的惩罚。

［例文（14）を再掲］

ギリシアの神話の中の神が天の火を人類に盗んでやった（盗み与えた）ため、ゼウスに罰せられた。

陕西省5年内3.7万户教工迁新居　顺义县将最大块"蛋糕"切给教育。

［例文（21）を再掲］

陕西省は5年以内では3.7万世代の教職員に新築に引っ越しさせた。順義県がケーキの最大の分け前を教育に切ってやった（切り与えた）。

このタイプの構文の意味的特徴を図式化すると、次の図4-3と図4-4になる。

「取得動詞」構文 "V给"構文

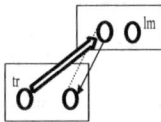 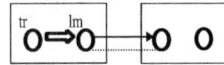

図4-3

「動作動詞」構文 "V给"構文

 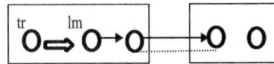

図4-4

　「取得動詞」構文では、「取得」の起点はランドマークとしてプロファイルされるが、"V给"構文となると、「取得」の起点が背景化され、プロファイルされない。逆に、単独の「取得動詞」ではプロファイルされない新たな参与者として、移動物の受け手が追加される。移動物は"把"や"将"に導かれ、"V给"の前に位置し、構文のランドマークとして認知的な際立ちが与えられる。

　一方、「動作動詞」構文の場合は、トラジェクターが具体物に働きかけ、状態変化させることを意味する。動詞単独では具体物の受領者がプロファイルされないため、二重目的語構文が成り立たない。"给"が融合されることによって、具体物の受領者が新たな参与者として追加される。このような"V给"構文も、移動物が"把"や"将"に導かれ、"V给"の前に置かれ、構文のランドマークとして、これに認知的な際立ちを与える二重目的語構文を構成する。

4.5　おわりに

　本章は"V给"形式の二重目的語構文を考察した。"V给"構文の成立条件として、自動詞や状態動詞はVを構成することができない。"给"のDOとしてIOに移動するような対象物への働きかけを表し、

所有変化動詞、「使役移動動詞」といった物の「授与」を意味する他
動詞は成り立つのである。"V給"構文には、動詞の後置目的語を必
ず二つもつ二重目的語構文と、"V給"の前にDO、後にIOをもつもの
がある。いずれの場合でも、移動物の受領者として"V給"構文の
IOは必須である。

　また、"V給"構文の拡張のプロセスに関しては、まず本動詞であ
る二重他動詞の"給"は同じく「授与」の意味を有するほかの二重他
動詞と融合し、ランドマークである受領者に認知的な際立ちのあ
る二重目的語構文を構成する。この構文は、「授与」の意味をもつ
が、「受け手が潜在される」と思われる二重他動詞以外の他動詞に
拡張され、単独では二重目的語構文が構成できない他動詞と"V
給"の動詞形で二重目的語構文が構成される。また、行為連鎖の融
合を経て、「取得動詞」や「動作動詞」のような二重他動詞以外の他
動詞にも、特定の事物の「授与」が含意されるDO前置の"V給"構文
が拡張する。

5 "给……V"形式の二重目的語構文

5.1　はじめに

　本章は"给……V"形式を用いる二重目的語構文について考察する。この種の構文は一般的には、以下のような語順で現れる。

（1）S　给　NP₁　V　NP₂

　　　我给他送了一份礼物。

　　　私は彼にプレゼントを贈った。

　"给"に後続する名詞句は、NP₁とNP₂の二項であり、二重目的語構文を構成するのは第2章と第4章で述べたプロトタイプの本動詞"给"や"V给"構文に似ている。しかし、"给"に導かれるNP₁がVに前置される点が"V给"構文と異なる。そして、プロトタイプの本動詞"给"及び"V给"構文と違い、DOの位置に現れるのは名詞句ではなく、VP（＝V＋NP₂）という動詞句であると見ることもできる。

　第2章で言及したプロトタイプの本動詞"给"と同様、IOとして前置されたNP₁は構文に顕在するのが一般的であるが、NP₁が文脈で了解されている場合、"给"を残したまま省略されても構文の適格性には影響しない。NP₁が省略されると、本動詞では"给"の直後にDOが残るが、この構文では、"给"が直接Vを後続させることとなる。

　朱（1979）が指摘するように、一般的には「授与」を意味する動詞は"V给"構文に現れ、「取得」や「製作」を意味する動詞は"给……V"構文を選択する。このような"给……V"構文は広く受益構文と呼ぶ説も多い（盧　1993、袁　1997、楊　2009など）が、NP₂がNP₁に授与される場合もある。

　さらに、"V给"構文に現れないが、この構文のみで"给"を伴うことがある動詞も多い。この場合にも、NP₂からNP₁への移動がある場合とない場合がある。NP₁は、人間である時もあるが、場所を示す時もある。NP₁が場所の場合は、NP₂からNP₁への位置変化があ

り、これはNP₁は授与の対象ではなく状態変化のランドマークと
なる。

　このような違いを考慮し、本章は五つの節を設ける。第5.2節で
は、"V给"構文と"给……V"構文との違いに関する主な先行研究を
まとめながら、物の位置移動が見られる"给……V"構文が生じる
二義性について述べる。第5.3節では、"给……V"構文のみをもつ
動詞のうち、NP₁が場所であるような状態変化構文について論じ
る。特に、この構文では、NP₁が"给"のIOとなる場合、"把"を用いる
構文でNP₁がVの前置DOとなる場合、"在"を用いる構文でNP₁が場
所句となる場合、いわゆる「壁塗り交替」について三つの構文を比
較して論じる。第5.4節では、"给……V"構文のみをもつ動詞のう
ち、NP₁が人間である場合について論じる。これらの動詞は、「给＋
NP₁」を伴わない構文では再帰的行為を表す動詞であり、先行研究
では受益構文に含める分析や、使役構文とする分析もある。第5.5
節では、第5.2節と第5.4節を踏まえ、改めて受益構文の構文的特徴
について再検討する。第5.6節では、これまで論じた"给……V"構
文をまとめる。

　これらのさまざまな構文は、すべてIOとDOという二つの目的語
をもっている点で、動詞としての"给"の構文スキーマを保ってい
ると考える。意味上ではIOのNP₁が受けるのはVPの示す動作行為
であるため、本章はVPも構文スキーマに組み込む分析を考え、
"给"とVPが共通のSをもつ連動文に似た二動詞構造"给……V"を
もっているとみなす。このことから、"给……V"構造を用いる二
重目的語構文では、"给"の構文スキーマが次のように実現すると
主張する。

　（2）"给"の構文スキーマの"给……V"構文への実現

　　　"给……V"のS：S

　　　"给……V"のDO：NP₂

"给……V"のIO:NP₁

意味フレーム:Sが働きかけVを行い、NP₂を変化させるあるいはNP₂を発生させるNP₁はVPの結果を得る。

①NP₂の位置がNP₁の領域外からNP₁の領域内に変化するあるいはNP₂がNP₁の領域内に発生する。

②NP₁の領域内でNP₂の状態が変化する。

5.2 "V给"構文と"给……V"構文

第4章で取り上げた"V给"形式の二重目的語構文は、基本的に物の授与構文であり、DOの表す事物がIOの表す受け手に向かって移動する。それに対し、"给……V"構文は、IOである受け手や場所に向かって事物が移動するとは限らない。動詞に応じてさまざまな場合がある。

前述のように、朱(1979)は、「授与」を表す構文において、「授与」の意味が含意される動詞は"V给"の二重目的語構文をとりうるのに対し、「製作動詞」や「取得動詞」のような、動詞自体が「授与」の意味をもたない動詞は"给……V"形式で受け手を表すことができるとする。「授与」が動詞固有の意味に含まれる動詞"卖类(「売る」類)"では、受け手は動詞の直後のIOとなり、"给……V"構文にはならない。

(3)a. 我卖给图书馆几本书。

[作例:自然度1.00]

　b. *我给图书馆卖了几本书。①

　　私は図書館に本を何冊か売った。

「授与」が動詞固有の意味には含まれないが構文に応じて「授与」

---

① 例文(3)bは"给"に後続する"图书馆"は物の受け手を表せないが、受益者としては成立する。これについては後述する。

を含意しうる"寄类(「差し出す」類)"と"写类(「書く」類)"では、受け手が"V給"の後置IOと、"給……V"構文のVの前置目的語の二つの可能性をもつ。

(4)a. 他<u>写给</u>校长一封信。

（朱 1979:82）

  b. 他<u>给</u>校长<u>写</u>了一封信。

   彼は校長に手紙を一通書いた。

本来「授与」の意味をもたない「製作動詞」や「取得動詞」のような動詞は、「授与」を表す場合には"給……V"構文で受け手を表す、とされる。

(5)我<u>给</u>你<u>画</u>张画儿。

  私はあなたに絵を一枚描く。

(6)我<u>给</u>他<u>买</u>一辆车。

  私は彼に車を一台買う。

（朱 1979:84）

即ち、"給……V"構文のNP$_1$が受け手であるかどうかは、"卖类(「売る」類)"とそれ以外で異なる、ということになる。朱(1979)の受け手は、NP$_2$の到達先であり、この場合は"給"が動詞である。これに対し、NP$_1$が受け取るのが「服務」である場合には、"給"が介詞とされ、"卖类(「売る」類)"が"給……V"構文に現れる場合には、"給"が介詞であり、NP$_1$が行為の受け手である、とみなしている。

(7)a. 我<u>卖给</u>图书馆几本书。

［例文(3)を再掲］

  私は図書館に本を何冊か売った。

  b. 我<u>给</u>图书馆<u>卖</u>了几本书。

［作例：自然度1.00］

  *私は図書館に本を何冊か売った。

  私は図書館の代わりに本を何冊か売ってあげた。

　つまり、同じ"给……V"構文の中に、二種類の"给"があり、Vに応じて"给"とNP₁の解釈が異なる、と言っていることになる。ただし、朱（1979）では"寄类（「差し出す」類）"と"写类（「書く」類）"の"给……V"構文についても、NP₁が受け取るのがNP₂であるのか行為自体であるのかが曖昧な場合もあることを認めており、NP₁の解釈がVによって機械的には決定できない可能性も留保している。

　これ以後の研究では、同じ動詞で"V给"構文と"给……V"構文とどちらを取るかによる意味の違いに基づき、必ずしも動詞の種類に関わらず、構文ごとにNP₁がどのような意味役割（「到達点」か「受益者」か）を分析しているものが多い。また、"给……V"構文の"给"を一律に介詞とする分析も多い。ただし、授与以外の"给……V"構文においての受益者の定義は必ずしも明確ではない。

　沈（1999）は、「時系列の原則」を用い、認知言語学の観点から、"V给"構文と"给……V"構文がもつ意味の相違点を指摘している。"给……V"構文では、"给"がVの前に現れるため、"给"に導かれる名詞句が動作行為の予定の目標である。それに対し、"V给"構文は、"给"がVの後に現れるため、"给"に導かれる名詞句を到達の終点とする。

　沈（1999）の考えをまとめると、"V给"構文の後置されたIOは、一つの授与過程の終点とも言える。それに対し、"给……V"構文の前置されたIOは、ある動作を発生させる目標と認識されるということである。ここでは沈（1999）の議論を支持する。

　要するに、IOを目標とみなす際に、目標に向かって動作をする場合と、その目標を動作行為の動機と捉え、他の方向に向かうという二通りの可能性が考えられる。そのような理由から、"给……V"構文は二義性を有するのである。

　それゆえ、目標に向かって動作を行う場合は、IOが終点である受領者とみなし、目標のために他の方向に向かう場合は、IOが終点の

受領者ではなく、受益者と考えるほうが妥当ではなかろうか。このことから、"给……V"構文は、"V給"構文と比べ、構文の表すカテゴリーがすでに拡大されていることが分かる。

5.2.1 "给……V"構文に現れる二義性

本節では、"给……V"構文に起こる二義性を例にし、先行研究の論点をまとめながらこのような構文の意味的特徴を考察する。

朱(1979)は、中国語の動詞"借"がもつ語彙としての二義性を、「授与」の意味をもつ「貸す」と「取得」の意味をもつ「借りる」との違いとして説明する。共に単独で二重他動詞構文に現れるが、"V給"構文に現れるのは前者のみである。

(8)我<u>借了</u>他100元钱。

　　　　　　　　　　　　　　　　　　　　　　　　　　　　［作例：自然度1.00］

　　a. 私は彼に100元を貸した。

　　b. 私は彼から100元を借りた。

(9)我<u>借给</u>了他100元钱。

　　　　　　　　　　　　　　　　　　　　　　　　　　　　［作例：自然度1.00］

　　私は彼に100元を貸した。

これに対し、"卖类(「売る」類)"の「貸す」は、"给……V"構文に現れることができず、「借りる」の「取得」の意味を示す場合だけが"给……V"構文に現れることが容認される。

(10)我<u>给</u>他<u>借</u>了100元钱。

　　　　　　　　　　　　　　　　　　　　　　　　　　　　［作例：自然度1.00］

　　a. *私は彼に100元を貸した。

　　b. 私は彼のために100元を借りた。

　　c. 私は彼の代わりに100元を借りた。

例文(10)bと例文(10)cでは、「取得動詞」である"借(借りる)"の本来の参与者ではない受け手が"给他"により追加され、"100元钱"

の受け手と解釈される場合（例文（10）b）とそうでない場合（例文
（10）c）がある。しかしどちらの構文も、動詞単独ではIOとしてプ
ロファイルされうる「貸し手」が、背景化されて現れることができ
ない。「取得」の意味を表す"借（借りる）"の二義性に関しては後述
するが、ここでは、まず「授与」の意味を示す動詞を述べる。

朱（1979）は、「授与」を意味する大部分の動詞は"V给"構文をとる
が、「取得」や「製作」を意味する動詞は、一般的には"给……V"構文を
選択するとする。ただし、「服務」の受け手を導く場合は「授与」を意
味する動詞も"给……V"構文に現れるとしている。

確かに、「授与」を意味する"卖类（「売る」類）"は授与構文として
は"给……V"構文で表現できず、"给……V"構文で表せるのは「服
務」の意味だけであるため、二義性が生じない。

（11）我给图书馆卖了几本书。

[作例：自然度1.00]

    a. 私は図書館の代わりに本を何冊か売ってあげた。

    b. *私は図書館に本を何冊か売った。

（12）我给他还了100元钱。

[作例：自然度1.00]

    a. 私は彼の代わりに100元を返してあげた。

    b. *私は彼に100元を返した。

しかし、動詞によっては授与構文における事物の受け手を表す
ことができて二義性が生じるものもある。

（13）我给他送了一份礼物。

[作例：自然度1.00]

    a. 私は彼の代わりに（誰かに）プレゼントを贈った。

    b. 私は彼にプレゼントを贈った。

"送"は二重目的語構文をとる"卖类（「売る」類）"の動詞であり、
受け手は"V给"構文で表されるので、例文（13）aでは"他（彼）"が

「プレゼント」ではなく、「代わりに贈る」というような行為の受け
手と解釈されることになる。この場合、プレゼント自体の受け手
は背景化されて現れることができない。しかし、例文(13)bに示す
ように、「プレゼントを贈る」という行為の受益者ではなく、物の受
け手が現れ、次の例文(14)のような"V给"構文とほぼ同じ意味と
なる場合もある。

(14)我送给了他一份礼物。

[作例:自然度1.00]

私は彼にプレゼントを一つ贈った。

"给……V"構文のIOが事物(NP₂)の受け手であるのか行為(VP)
の受け手であるのかによると見られる二義性は、"寄类(「差し出
す」類)"と"写类(「書く」類)"のような動詞にも見られる。

(15)我给老师寄了五本书。

[作例:自然度1.00]

a. 私は先生に本を五冊送った。

b. 私は先生のかわりに本を五冊送ってあげた。

(16)小李给小张写了一封信。

[作例:自然度1.00]

a. 李さんは張さんに一通の手紙を書いた。

b. 李さんは張さんのかわりに一通の手紙を書いてやった。

上の例文は日常生活の中でよく使われている文であるが、以上
に示したようにどちらも二通りの意味をもつ。例文(15)では「先
生のところに本を五冊送った」ともとれるし、「先生が忙しいから、
私は先生のかわりに本を五冊送ってあげた」というようにも解釈
できる。例文(16)では「張さん宛に手紙を一通書いた」と理解して
もいいが、また「張さんが手紙を書くことができない時に李さんは
張さんの代わりに手紙を書いてやった」と理解してもいい。

この種の二義性に関して最初に指摘したのは太田(1956)であ

る。太田(1956:189)では、次の例文(17)が二通りの意味を有すると指摘する。

(17)我给你写信。

    a. 君の代りに手紙をかく。

    b. 君に対して手紙をかく。

（太田　1956:189）

太田(1956:189)によれば、「もともとこの句は、『僕が手紙を書くということ』を君にあたえるという意味、つまり、僕が君のために手紙をかくという意味にすぎない。だから誰に当てた手紙をかいてもよいのである。もし、手紙の宛名を考慮すると(イ)僕が君の為に『彼に当てた』手紙をかく(ロ)僕が君の為に『君に当てた』手紙をかくの二つの場合が生ずる」と解釈している。どちらの意味も「行為の授与」にあたるとする解釈である。

興味深いのは、例文(15)bの「本の送り先」、例文(16)bと例文(17)aの「手紙のあて先」が存在することは間違いないが、どちらも背景化されてこの文では表現できないという点である。

例文(15)bの“老师”は、ただ“我寄书”の理由あるいは動機であり、“寄书”という動作行為と直接関与しないため、“寄书”という出来事の間接的な参加者であることが分かる。ここの“老师”は“五本书”という物の受け手ではなく、“我寄书”という動作行為の受け手である。このような間接的な参与者がIOとして認知的な際立ちを与えられ、存在していなければならないはずの、物の受け手が背景化されている。

以上の分析から分かるように、例文(15)―(17)のような二義性が生じる例文は、文の中の物に注目し、“给”の後のIOが物の受け手と認識されると、物の授与が観察できる単純な授与構文となる。それに対し、構文の中の行為を示す部分に注目し、“给”の後のIOが行為の受益者と理解されると、例文は受益構文となる。

　以上では、「授与」の意味を表す動詞について述べたが、次では、「取得」と「製作」の意味を表す動詞について考察を行う。

　施(1981:33)は、「取得動詞」の"给……V"構文に関して二義性を論じている。次の例文(18)は「私はお金を出して車を買って妹にあげた」と「妹がお金を出して、私はただ妹の代わりに車を買ってやった」と二通りの解釈がある。

(18)我给妹妹买了一辆车。

(施　1981:33)

　　a. 私は妹に車を一台買った。

　　b. 私は妹の代りに車を一台買ってやった。

これについて、施(1981:33)は次のように解釈している。

　　　当这个句子理解为"帮她代买"义时，句中的"给"可以用介词"替"来替换；当理解为"买了给妹妹"义时，句中的"给"难以用别的介词来替换，而只能用"给"——作为介词的"给"，它的作用仅仅是把给予的对象介绍给其后的"买了一辆车"。

　　[この文は、「妹の代わりに買ってあげた」という意味に理解する場合、文中の"给"を介詞の"替"に取り換えることができる。一方、文を「車を買って妹にあげた」という意味に解釈する場合は、"给"を他の介詞に取り換えることは難しく、"给"しか使えない。介詞としての"给"の役割はただ授与対象をその後の"买了一辆车(一台の車を買った)"に割り当てる働きしか認めない。]

　例文(18)aは、動詞"买"本来の参与者ではない受け手が"给妹妹"により追加され、"一辆车"の受け手と解釈される。例文(18)bは追加される"妹妹"は、"一辆车"の受け手ではなく、"买一辆车"という

行為の受益者である。どちらの構文も、動詞単独ではIOとしてプロファイルされうる「買い先」が、背景化されて出現することができない。例文(18)bは“给”に後続する“妹妹”は、行為の受益者であるため、事物の“一辆车”の受け手はさらに背景化されて構文に現れない。

前述の「取得」の意味を示す動詞“借(借りる)”も同様な振る舞いが見られる。

(19)我给他借了100元钱。

[作例：自然度1.00]

　　a. 私は彼のために100元を借りた。

　　b. 私は彼の代わりに100元を借りた。

例文(19)aも例文(19)bも、動詞単独ではプロファイルされうる「貸し手」が、背景化されて構文に現れることができない。そして、例文(19)bでは追加されるのは事物の受け手ではなく、行為の受益者のため、事物の受け手はさらに背景化される。

「製作動詞」の“给……V”構文も二義性が生じる。

(20)我画画儿。

[作例：自然度1.00]

　　私は絵を描く。

(21)我给他画画儿。

[作例：自然度1.00]

　　a. 私は彼に絵を描く。

　　b. 私は彼の代わりに絵を描いてあげる。

本来「授与」の意味をもたない「製作動詞」は、例文(20)に示すように、参与者が主語の“我”と事物の“画”の二項である。“给他”が加わることによって、例文(21)aに示すように、本来参与者ではない受け手が追加され、認知的な際立ちを与えられ、「授与」の意味をもつようになる。

　例文(21)bは、追加された"给他"は行為の受益者であり、この行為の受益者が認知的な際立ちとなり、存在していなければならないはずの、事物の受け手が背景化されて構文に現れることができない。

5.2.2　まとめ

　第5.2.1節では、"给……V"形式を用いる物の位置移動が見られる構文の意味的特徴及びこの構文が生じる二義性について分析した。このような構文の多くでは、基本的には、プロトタイプの本動詞"给"と同様、主語のSがIOのNP$_1$に物であるNP$_2$を授与するということを意味する。物のやりとりが観察されるため、いまだにプロトタイプのような物の授与構文の特徴が保たれていると思われる。

　ところが、"给……V"形式を用いる構文は、移動物のNP$_2$が必ずしもIOのNP$_1$に移動したという位置変化が含意されるとは言えない。その結果、IOであるNP$_1$の経る変化は、物の受け手としての変化ではない場合も生じる。

　このような違いには、"给……V"構文に用いられる動詞の種類あるいは、事象の意味的な枠組みがかかわっている。"送"に関しては、動詞自体が「授与」の意味をもち、「给＋名詞句」が加わり、物の受け手がIOとしてプロファイルされる。

　また、"给……V"構文で新たに受益者が参与者として加えられると、二義性が生じる。この場合の物の受け手は背景化されなければならない。"寄类(「差し出す」類)"と"写类(「書く」類)"のように、物の受け手の存在を含意する動詞では、「给＋名詞句」が加わり、物の受け手が明示される。そして、新たに加えられる受益者を含め、二義性が生じる。また、「取得」の意味をもつ動詞では、物の受け手が新たな参与者として加えられ、「物の起点」は背景化される。これも新たな行為の受益者が追加されると、二義性が出る。

さらに、「製作」の意味をもつ動詞では、新たに加えられるのが物の受け手と受益者のいずれかとなり、二義性が生じる。

　“给……V”構文は、本動詞の“给”と同じく必ず二つの目的語をもつが、その目的語がプロファイルする参与者の意味役割は動詞に応じて異なる、ということになる。第5.3節以降では、「授与」の意味をもたず“V给”構文に現れない動詞の参与者について見ていく。特に興味深いのは、受益者の意味役割が動詞に応じて異なり、単に「行為の受け手」と見るには制約が多い、という点である。“给”の導く受益者は、中国語では動詞によって選択されたIOであり、このため、中国語の受益構文は必ずDOを要求する。それだけではなく、DOと移動物の受け手以外の何らかの意味的な関係をもつ場合もある。これに関しては第5.5節で詳しく分析する。

5.3　IO及び主語が人間ではない“给……V”構文

　“给……V”形式を用いる二重目的語構文の中には、次の例文（22）と例文（23）に示すように、IOが人間ではないものもある。

（22）当她缝完最后一针,给病人眼睛上盖上纱布时,她站起身来,
　　　腿僵了,腰硬了,迈不开步了。

　　　　　　　　　　　　　　　　　　　　　　　　　（《人到中年》）

　　　最後の一針をすませて病人の眼にガーゼをかけて立ち上がると、膝は棒のように硬直して腰が伸びず、歩くことさえも困難だった。

（23）倪萍对这位老师印象特别好,他一会儿给这位老师端水一会
　　　儿给她坐的椅子上加一个椅垫。吃饭的时候老是冲着这位
　　　老师笑。

　　　　　　　　　　　　　　　　　　　　　　　　　（《活动变人形》）

　　　倪萍はこの先生を酷く気にいって、お茶を出したり椅子の上にクッションを置いてあげたり、さかんにもてなした。

食事の時も先生の顔を見ては笑いかける。

例文（22）と例文（23）では、IOとして"给"の直後に位置するのは "病人眼睛上（病人の眼）"と"她坐的椅子上（彼女が座っていた椅子）"であり、場所を示す名詞句である。IOが場所名詞である場合、「物を獲得する」ということが含意されない。しかしながら、この場合はDOである物のIOの場所への位置変化が観察される。このような構文は、語彙概念構造の考え方では、「授与動詞」構文が所有変化構文であるのに対し、使役移動構文（caused-motion construction）として密接に結び付けられる構文であると言える。中国語の使役移動構文の中には、IOからの移動を表すものもある。

（24）路喜纯别过头去，给煮好的鹌鹑蛋剥皮。

（《钟鼓楼》）

路喜純は二人に背中を向けて、煮えたうずらの卵の皮を剥いていた。

例文（24）では、動詞の後のDOである"皮（皮）"の移動より、その結果としての"鹌鹑蛋（うずらの卵）"の状態変化に認知的な際立ちがあるのは明らかである。

この種の使役移動構文はどのような言語にもあると考えられるが、多くの言語で移動物をDO、移動先あるいは移動元・移動経路を場所表現で表すのに対し、中国語では移動先と移動元の表現として、介詞"在"を用いた場所表現のほかに、"给……V"構文を用い、IOで場所を表現して二重目的語構文で表すことができる。さらに、多くの言語には場所をDOとしてプロファイルして認知的な際立ちをおいた表現もある。このような認知的な際立ちに応じた構文の交替を、壁塗り交替（spray-load alternation）あるいは場所格交替（locative alternation）と呼ぶ。中国語でも、動詞によってはこの交替が可能であるので、中国語には三種類の交替構文があることになる。

（25）a. S　　在　NP₁　V　NP₂

　　　　小李 在 墙上 涂了 漆。

　　　　李さんは壁にペンキを塗った。

　　b. S　　给　NP₁　V　NP₂

　　　　小李 给 墙上 涂了 漆。

　　　　李さんは壁にペンキを塗った。

　　c. S　　把　NP₁　V　NP₂

　　　　小李 把 墙 涂了 漆。

　　　　李さんは壁をペンキで塗った。

5.3.1　壁塗り交替

　岸本（2001）によれば、このような構文交替は、日本語でも観察される。次の例文（26）を見てみよう。

（26）a. ジョンは、壁にペンキを塗った。

　　b. ジョンは、ペンキで壁を塗った。

（岸本　2001：101）

　日本語の動詞「塗る」では、場所のプロファイルに関して、DO（ヲ格）と場所（ニ格）との間で交替する。

　川野（1997）は、「壁塗り交替」の成立条件について考察を行い、交替可能な動詞は「物の位置変化」と「場所の状態変化」の両方を表す動詞であると指摘する。交替可能な動詞と交替不可能な動詞の区別は、「場所の状態変化」について、「場所」が「物」と完全に結合した状態あるいは、「場所」が「物」と完全に分離した状態になると、交替が可能とする。

　川野（1997：33-34）は、「塗る」「巻く」「張る」という三つの動詞を特殊な交替可能な動詞として取り上げ、「ニ・ヲ格」で示す構文は場所名詞の部分的な状態変化が容認できるが、「ヲ・デ格」で示す構文は場所名詞が必ず全体的に状態変化を起こさなければならな

いということを述べている。①

(27)a. 壁にペンキを塗る。

　　b. 壁をペンキで塗る。

(28)a. 壁に白い壁紙を張る。

　　b. 壁を白い壁紙で張る。

(29)a. 腕に包帯を巻く。

　　b. 腕を包帯で巻く。

（川野　1997：33）

　一方、これ以外の交替可能な動詞はこのような解釈の違いは見られず、常に「全体的」の解釈である（川野　1997）と指摘する。

(30)a. グラスに水を満たす。

　　b. グラスを水で満たす。

(31)a. グラスに水を入れる。

　　b. ＊グラスに水で入れる。

　岸本（2001：117）によると、英語と異なり、日本語では次の例文（32）と例文（33）に示すように、単独で交替しない動詞が複合動詞という手段を利用し、壁塗り交替が可能になる場合がある。

(32)a. 政夫は、壁にポスターをはった。

　　b. ＊政夫は、ポスターで壁をはった。

(33)a. 政夫は、壁にポスターをはり尽くした。

　　b. 政夫は、壁をポスターではり尽くした。

（岸本　2001：117）

　また、岸本（2011）は、次の例文（34）と例文（35）に示すように、中国語にも日本語と同様に壁塗り交替は存在すると述べている。

---

① これについて、Anderson（1971）は、holistic effectが場所格の直接目的語化の特徴とされる。

（34）a. ジョンは、赤いペンキを壁に塗った。

b. ジョンは、壁を赤いペンキで塗った。

（35）a. 张三 ｛在/给｝ 墙上 　　涂了　　　　漆。

　　　張三 に/に　壁-LOC　塗る-完了　ペンキ

　　　'張三は壁にペンキを塗った。'

b. 张三 用　　漆　　　涂了　　墙。

　　張三 で　ペンキ　塗る-完了　壁

　　'張三はペンキで壁を塗った。'

（岸本 2011:33）

　そして、中国語は次の例文（36）と例文（37）に示すように、日本語と同様、「複合動詞」を作ることによって、本来壁塗り交替の不可能な動詞が交替可能になると主張する。

（36）a. 张三 ｛给/在｝ 车上　　　装了　　　书。

　　　張三 に/に　車-LOC　積む-完了　本

　　　'張三は車に本を積んだ。'

b. *张三 用 书　装了　　车。

　　 張三 で 本 積む-完了　車

（Lit.）'張三は本で車を積んだ。'

（37）a. 张三 ｛给/在｝ 车上　　　装满了　　　　书。

　　　張三 に/に　車-LOC　積む-満たす-完了　本

　　　'張三は車に本をいっぱいに積んだ。'

b. 张三 用 书　　装满了　　　　车。

　　張三 で 本　積む-満たす-完了　車

（Lit.）'張三は本で車をいっぱいに積んだ。'

（岸本 2011:52-53）

　確かに、動詞"装"が単独で、そして"给"あるいは"在"を用いるa文だけは成立するが、結果補語の"满"が加わることによって、b文も成り立つようになる。次の例文（38）―（41）も同様に、「全体」を意

味する結果補語の"满"や"盖"があると、壁塗り交替が可能となる。

(38)a. 张三{给/在}杯子里添了水。

[作例:自然度 1.00]

張三はグラスに水を足した。

b. *张三用水添了杯子。

「張三は水でグラスを足した」の意

(39)a. 张三{给/在}杯子里添满了水。

[作例:自然度 1.00]

張三はグラスに水をいっぱい足した。

b. 张三用水添满了杯子。

張三は水でグラスをいっぱい足した。

(40)a. 小李{给/在}走廊上铺了地毯。

[作例:自然度 1.00]

李さんが廊下に絨毯を敷いた。

b. *小李用地毯铺了走廊。

「李さんが絨毯で廊下を敷いた」の意

(41)a. 小李{给/在}走廊上铺盖了地毯。

[作例:自然度 1.00]

李さんが廊下に絨毯を敷き詰めた。

b. 小李用地毯铺盖了走廊。

李さんが絨毯で廊下を敷き詰めた。

上記の例文(38)—(41)に示すように、中国語も日本語と同様、"给"と"在"を用いるa文は場所名詞の部分的な状態変化が容認できるが、"用"を用いるb文は場所名詞が必ず全体的に状態変化を起こさなければならない。

しかし、同じく場所名詞の部分的な状態変化が容認できる"给"と"在"は相違点があるのであろうか。次節では、場所をDOとして

表す"把"構文も含め、場所をIOとする"给……V"構文、場所を介詞句で表現する"在"を用いる構文を比較し、その相違点を明らかにする。

5.3.2 "在"を用いる構文との比較

"给……V"構文において、"给"に導かれるIOが場所名詞の場合、次の例文(42)と例文(43)に示すように、"在"を用いる構文と対応する場合がある。[1]

(42)张三 {在/给} 墙上 涂了 漆。

　　　張三 に/に 壁-LOC 塗る-完了 ペンキ

　　　'張三は壁にペンキを塗った。'

(例文(35)aを再掲)

(43)张三 {给/在} 车上 装了 书。

　　　張三 に/に 車-LOC 積む-完了 本

　　　'張三は車に本を積んだ。'

(例文(36)aを再掲)

ところが、"在"の直後の場所名詞では、"上"や"里"などのような方向補語が必須とされるのに対し、"给"で導かれた場所名詞では、方向を示す補語成分は必ずしも必須とされない。

(44)a. 张三 在 墙上 涂了 漆。

　　　　張三 に 壁-LOC 塗る-完了 ペンキ

　　　　'張三は壁の上でペンキを塗った。'

　　b. *张三 在 墙 涂了 漆。

(岸本 2011:33)

---

[1] 「ペンキ」や「本」が特定であって、これを「処置式」で動詞に前置する構文では"在"は使えるが、"给"は使えない。例:张三把漆涂 {在/*给} 墙上。/张三把书装 {在/*给} 车上。

（44）' a. 张三　给　墙上　　　涂了　　　漆。

　　　　張三　に　壁-LOC　塗る-完了　ペンキ

　　　　‘張三は壁の上にペンキを塗った。’

　　b. 张三　给　墙　涂了　漆。

　　　　‘張三は壁にペンキを塗った。’

（岸本 2011:33）

（45）a. 倪萍对这位老师印象特别好，他一会儿给这位老师端水一会儿给<u>她坐的椅子上</u>加一个椅垫。吃饭的时候老是冲着这位老师笑。

［例文（23）を再掲］

　　　　倪萍はこの先生を酷く気にいって、お茶を出したり椅子の上にクッションを置いてあげたり、さかんにもてなした。食事の時も先生の顔を見ては笑いかける。

　　b. 倪萍对这位老师印象特别好，他一会儿给这位老师端水一会儿给<u>她坐的椅子</u>加一个椅垫。吃饭的时候老是冲着这位老师笑。

　　　　倪萍はこの先生を酷く気にいって、お茶を出したり椅子にクッションを置いてあげたり、さかんにもてなした。食事の時も先生の顔を見ては笑いかける。

（45）' a. 倪萍对这位老师印象特别好，他一会儿给这位老师端水一会儿在<u>她坐的椅子上</u>加一个椅垫。吃饭的时候老是冲着这位老师笑。

　　　　倪萍はこの先生を酷く気にいって、お茶を出したり椅子の上にクッションを置いてあげたり、さかんにもてなした。食事の時も先生の顔を見ては笑いかける。

　　b. *倪萍对这位老师印象特别好，他一会儿给这位老师端水一会儿在<u>她坐的椅子</u>加一个椅垫。吃饭的时候老是冲着这位老师笑。

「倪萍はこの先生を酷く気にいって、お茶を出したり椅
子のクッションを置いてあげたり、さかんにもてなし
た。食事の時も先生の顔を見ては笑いかける」の意

上記の例文(44)では、"在"を使用する場合に、方向補語の"上"が
なければ、例文(44)bに示すように、非文となる。一方、例文(44)'
では、"给"を使用する場合に、方向補語の"上"があってもなくても
構文の適格性に影響しない。そして、例文(45)と例文(45)'も同様
である。即ち、"在"を使用する構文で、"在"に導かれる名詞句はあ
る動作を行う場所である。この動作はどこで行っているか(名詞
句で指示された物の上か中か)ははっきり示さなければならない。
従って、方向補語が必須とされる。それに対し、"给"を使用する構
文では、"给"に後続する場所名詞は、動作を発生させる目標であ
り、必ずしも場所表現として方向補語を伴う必要がない。

構文によっては、介詞を用いた場所表現に置き換えることがで
きないものもある。

(46)a. 一听声音就知道是李宜宁来了。像一阵风,李宜宁给我的
房间带来了生气。

(《人啊,人》)

声だけで、李宜寧だと分かる。彼女は一陣の春風のよう
に、私の部屋に生気をもたらしてくれた。

b. *一听声音就知道是李宜宁来了。像一阵风,李宜宁在我
的房间里带来了生气。

「声だけで、李宜寧だと分かる。彼女は一陣の春風のよう
に、私の部屋の中で生気をもたらしていた」の意

例文(46)では、"李宜宁"のおかげで、私の部屋は生気のない状態
から生気が溢れるような状態に変化したことを意味する。この動
詞の"给……V"構文は、IOとして人間を表す名詞もとることができ
るので、「獲得」のメタファーが働いているとも考えられる。

このことから、場所名詞が後続される場合、"在"を用いる構文
は、移動後の具体的な場所に認知的な際立ちがあると考えられる。
一方、"给"を用いる構文は、移動自体よりも移動の結果としての場
所の状態変化に際立ちがあると考えられる。

5.3.3 "把"構文との比較

対象物に状態変化を引き起こすことを意味する構文には"把"構
文がある。本節では、IOが人間ではない場合に、"给……V"構文が
IOである物の一部が状態変化することを容認できるのに対し、
"把"構文は物の全体が変化することを要求することについて論
じる。

（47）a. 路喜纯别过头去,<u>给</u>煮好的鹌鹑蛋剥皮。

［例文（24）を再掲］

    b. 路喜纯别过头去,<u>把</u>煮好的鹌鹑蛋剥皮。
      路喜純は二人に背中を向けて、煮えたうずらの卵の皮を
      剥いていた。

（48）a. 老两口有一对好棺材,柏木打的,远近闻名。老汉每年<u>给</u>
      它们上一遍漆,漆得很仔细很耐心。

（《插队的故事》）

    b. 老两口有一对好棺材,柏木打的,远近闻名。老汉每年<u>把</u>
      它们上一遍漆,漆得很仔细很耐心。
      老夫婦は上等な棺桶を二つ用意していた。コノテガシ
      ワで作られていて、このあたりでは有名である。老人は
      毎年それに細心かつ辛抱強くペンキを塗った。

例文（47）でも（48）でも、"给"を"把"に入れ替えても構文の適格
性に影響しない。これは、例文（47）であれば、「煮えたうずらの卵は
皮が剥かれる」、例文（48）であれば、「棺桶がきれいにペンキで塗っ
てある」という、状態変化が含意されているからであると見られる。

しかしながら、IOが人間ではない場合、状態変化を意味する
"给……V"構文はすべて"把"に入れ替えられるかというと、そう
ではないのである。"给"構文は物の一部の状態が変化すればいい
が、"把"構文は物の全体が変化しなければならない。

(49) a. 葛萍在他们说前几句话时，去厨房提开水壶去了，这时走
回来<u>给</u>他们的茶杯添水。

（《钟鼓楼》）

二人が話しはじめた時、葛萍はポットを取りにお勝手へ
立っていた。いまもどってきて、二人の湯呑みにお湯を
足しているところだった。

b. *<u>把</u>他们的茶杯添水。

c. <u>把</u>他们的茶杯添<u>满</u>水。

二人の湯呑みにお湯をいっぱいに足した。

(50) a. 倪萍对这位老师印象特别好，他一会儿<u>给</u>这位老师端水一
会儿<u>给</u>她坐的椅子上加一个椅垫。吃饭的时候老是冲着
这位老师笑。

［例文(23)を再掲］

倪萍はこの先生を酷く気にいって、お茶を出したり椅子
の上にクッションを置いてあげたり、さかんにもてなし
た。食事の時も先生の顔を見ては笑いかける。

b. *他一会儿给这位老师端水一会儿<u>把</u>她坐的椅子上加一个
椅垫。

例文(49)では、"给"を用いると、例文(49)aの示すように、湯呑み
にお湯を少し足すだけでも構文としては成り立つ。一方、"把"を
用いると、結果補語の"满(いっぱいになる)"がなければ、例文(49)b
に示すように構文は成立しない。同様に、例文(50)の椅子にクッ
ションが加わるというだけの変化では、"给"を使用することはでき
ても、「処置式」としての"把"の成立条件である状態変化としては不

十分である。

5.3.4　主語が人間ではない場合

　中国語の"给……V"構文の中には、主語が人間ではなく、出来事の場合が存在する。このような構文の"给"の後のVには"带来,留下,增加,减轻"のように、人間ではないIOをとりうる「使役移動動詞」がよく現れる。構文の意味は、IOで表された人間に、何かをもたらしたり、取り去ったりして、人間が何らかの影響を受けることによって、精神的な状態変化が含意されるということである。

（51）"现在,<u>我每月能拿到奖金</u>,给家庭也减轻了负担。"

（《人民日报》1995年）

　「今、私は毎月賞金がもらえるから、家族にも負担を減らすことができた。」

（52）<u>一张张充满期待神色的面孔,一声声出自肺腑的殷切嘱咐</u>,给他鼓了劲,也在他的肩头上增加了无形的,又是巨大的压力。

（《金光大道》）

　期待に輝くみんなの顔、腹の底からの切実な頼みごとが、かれを力づけ、また、かれの肩にかかる無形の巨大な圧力を一層強めもした。

（53）<u>这一切一切</u>,都给背井离乡的大泉娘增添着悲伤和烦恼。

（《金光大道》）

　故郷を離れにする大泉の母親にとって、これらすべては悲しみと悩みの種だった。

（54）"大泉这孩子,半年没见着,变得心气这么高,眼光这么远,嘴巴这么能说会道,<u>字字句句</u>都给人提精神。"

（《金光大道》）

　「この子はまあ半年見ないうちにすっかり偉くなっちまって、目さきがきいて、弁が立つようになったよ。聞いてると

こっちまで元気になるわ。」

(55)土地给庄稼人添了多少劲头哇。

(《金光大道》)

土地が百姓を張りきらせたんだ。

(56)这一切都给我唤起许多痛苦的回忆。

(《家》)

何もかも私には苦しい思い出の種なのよ。

(57)自己空着手回去倒是小事,妹妹妹夫知道了底细,想帮帮不了,不帮又心疼,这不是给人家添心病吗?

(《金光大道》)

おれが手ぶらで帰るのはたいしたことじゃねえが、ひと肌ぬぎたくてもどうにもならない妹夫婦に心配のタネを一つふやしてしまったではないか。

　例文(51)では、“我每月能拿到奖金(私は毎月賞金がもらえる)”という出来事が“家庭(家族)”にとって、“负担减轻(負担が減る)”といういい影響を与えている。この場合のIOは、移動の起点として表現されている。例文(53)でも、“这一切一切(これらすべて)”は“大泉娘(大泉の母親)”に悲しみと悩みをもたらすことにより、大泉の母親の精神的な状態変化がある。ほかの例文でも、同様に、移動のメタファーによりIOの状態変化を際立たせている。

5.3.5　まとめ

　第5.3節では、主としてIOが人間ではない場合の“给……V”構文について考察を行った。この構文は、場所をIOとしてプロファイルした使役移動構文とみることができる。第5.2節で述べた物の位置移動構文と異なり、IOとなる場所は、移動の目標だけでなく、移動の起点を含む場合もある。

　これらの“给……V”形式をとる使役移動構文との交替が見られ

る場合を中心に、"在"を用いて場所を介詞句で表現する使役移動構文や、"把"を用いて場所をDOとする状態変化構文と比較した。

　場所をIOとする"给……V"構文やDOとして表す"把"構文では、移動よりも移動によって引き起こされた場所の状態変化に認知的な際立ちがあると考えられる。移動物は通常、個別性の低い量詞を伴わない裸の名詞句である。これに対し、"在"を用いて場所を介詞句で表現する使役移動構文では、介詞句は動作を行う場所を表現し、方向補語で具体的な場所を特定しなければならない。一方、"给……V"構文では、"给"に後続する場所名詞の方向補語は任意に付加される。場所名詞句がDOとなる"把"構文の場合には、場所名詞句は方向補語を伴うことはない。

　さらに、場所を前置DOとする"把"構文と対照すると、"给……V"構文は移動場所にある物の一部が状態変化を引き起こすことが容認できるのに対し、"把"の後のDOは物の全体の状態変化を要求することが分かる。

　"给……V"構文の主語が人間ではない場合、ほとんどの場合は主語が出来事として現れ、抽象物をDOとする構文が多い。構文の意味的特徴は、主語である出来事がIOの人間に何らかの影響を与えることによって人間がある精神的な状態変化を経ることを、位置変化の結果としての場所の変化のメタファーで表示しているということである。

5.4　脱再帰の二重目的語構文

　第5.2節では、「取得動詞」を含む"给……V"構文ではIOが物の受け手となることを述べた。"给"を伴わない「取得動詞」構文は、主語として表示されたトラジェクターによる対象物に対する働きかけが、ランドマークとしての主語に影響を及ぼす再帰的事象を表す構文であると考えられる。

（58）小张偷了他一支笔。

[作例：自然度1.00]

　　張さんは彼からボールペンを一本盗んだ。

　ところが、「取得動詞」を含む"给……V"構文では、物の受け手と
してプロファイルされるのが主語ではなく、新たに追加されたIO
で表された参与者である、という点で、このような構文は脱再帰の
構文であると見ることができる。

（59）他给小张偷了一支笔。

[作例：自然度1.00]

　　彼は張さんにボールペンを一本盗んだ。

　"V给"構文に現れない動詞が"给……V"構文に現れる場合、「取
得動詞」と「製作動詞」以外でも再帰的事象の受け手が主語ではな
く、新たに追加されたIOで表された参与者に及んでいると見られ
る場合が多い。このような構文を脱再帰の二重目的語構文として
まとめる。

　本節では、"给……V"形式を用いる次の例文（60）—（62）のよう
な、動詞が単独で再帰的動作を示すものである構文について考察
する。

（60）张三给李四洗头。

（盧　1993：67）

　　張三は李四の頭を洗ってやった。

（61）我给小张穿衣服。

[作例：自然度1.00]

　　私は張さんに洋服を着せる。

（62）我给孩子喝了一杯水。

[作例：自然度1.00]

　　私は子供に水を一杯飲ませた。

　上のような構文は"给……V"形式を使用し、IOに対し、ある動作

行為を授与することを意味する。第5.2節と第5.3節で取り上げた
"给……V"構文では、物の位置変化とIOの状態変化の両方が観察
されるが、本節で取り扱う「脱再帰の"给……V"構文」はIOの状態
変化がすべて想定されるのに対し、物①の位置変化に関しては、例
文(60)のように含意されないものがある。

例文(60)では、張三は李四に"洗头(頭を洗う)"という行為を授
与することにより、李四が清潔になること、つまり李四の状態変化
が想定されるが、"头(頭)"が身体部位であり、譲渡不可能
(inalienable)な所有物であるため、李四に移動するという"头(頭)"
の位置変化が考えられない。

一方、例文(61)では、私が張さんに"穿衣服(洋服を着せる)"とい
う行為を授与することによって、洋服が張さんのところに移動す
ることが分かる。そして、張さんは洋服を着ていない状態から洋
服を着る状態に変化する。例文(62)では、IOの子供が水が飲める
ように、主語の"我(私)"が水を用意し、子供に提供することを意味
する。そのため、水の位置変化と子供が水を飲んでいない状態か
ら水を飲んだ状態に変化したというIOの状態変化が含意される。

上記の例文(60)と例文(61)に関して、先行研究の多くはこれを
受益構文と分類する。例えば、例文(60)について、盧(1993:67)は、
"头(頭)"が李四の"头(頭)"で、張三が洗う場合に、この行為は自然
と李四への「服務」とみなされ、"给"は李四が受益者の立場にある
ことを示すとする。

木村(2012:228-229)では、次の例文(63)を取り上げ、このタイプ
の構文を受益構文としている。

---

① ここでいう「物」とは抽象物ではなく、物理的に存在する実物であり、かつ移動
できるものを指す。

（63）　小红　　<u>给　　小王</u>　梳　头发。
　　　　シヤオホン　PREP　王くん　梳く　髪
　　　　シヤオホンは王くんに髪を梳かしてやった。

（木村　2012:228）

　木村（2012:228-229）によると、"小王（王くん）"は、モノ"头发（髪）"の「授与」を与える対象ではなく、"梳头发（髪を梳かす）"という動作行為がもたらす恩恵もしくは利益を与える対象、即ち受益者であるとされる。

　しかし、木村（2012）が同じく受益構文とする例文（64）は、"给"とIOが省略されても構文の意味の違いが受益者の有無だけであるが、上記の例文（60）と例文（61）は、"给"とIOが省略されると、構文で表示される行為自体が異なる。

（64）a. 我　<u>给　　她</u>　好好　　干　活儿。

（木村　2012:228）

　　　　私　　PREP　彼女　しっかり　する　仕事
　　　　私は彼女のためにしっかり働く。

　　b. 我好好干活儿。
　　　　私はしっかり働く。

（65）a. 我<u>给小张</u>穿衣服。

［作例:自然度1.00］

　　　　私は張さんに洋服を着せる。

　　b. 我穿衣服。
　　　　私は洋服を着る。

（66）a. 张三<u>给李四</u>洗头。

［作例:自然度1.00］

　　　　張三は李四に頭を洗ってやる。

　　b. 张三洗头。
　　　　張三は頭を洗う。

例文(64)では、"给"とIOがなくても、例文(64)bのように、「私は
しっかり働く」という意味を維持するが、例文(65)と例文(66)で
は、"给小张"と"给李四"がなければ、例文(65)bと例文(66)bのよう
に、「私は洋服を着る」と「張三は頭を洗う」という意味になる。

一方、前述の例文(62)に関しては、使役構文とする分析もある。
例えば、Li & Thompson(1981:388-389)は次のように指摘して
いる。

> The first construction involving a preverbal *gěi* phrase
> whose noun phrase is neither an indirect object nor a
> benefactive involves the verbs *kàn* 'see' and *ting* 'hear',
> usages in which it conveys a special meaning of <u>allow to
> see and allow to hear</u>. For example:
>
> (67)qǐng nǐ   gěi wǒ   <u>kàn</u> nèi — běn   shū
>   please you to   I   look that — CL   book
>   Please let me look at that book.
>
> (68)wǒ chàng — gē   gěi nǐ   <u>ting</u>
>   I   sing — song to   you hear
>   I'll sing for you to hear.

これは、動詞"看"と"听"は「見させる」と「聞かせる」の許容使役
の用法に対応する意味になるという主張である。「授与動詞」とし
ての"给"の用法を分析の中心とするLi & Thompson(1981)では、こ
のような構文が、「見る」「聞く」のほかに、どのような動詞の使役構
文に使われるかについては述べていない。これに対し、田中
(2001:135-156)は後述するように"给"を含む使役構文で用いられ
る動詞を身体に物理的な影響を及ぼす動詞(着脱や入浴に関する)
と人間の五感に関係する他動詞というふうに二分類する。これら

はいずれも再帰的事象に結び付けられる。

　上記の例文（60）—（62）のような構文は、"给"に後続する動詞が単独の構文では主に再帰的事象を表す動詞（再帰性のある動詞）で現れるという点で共通する。ここではまず、日本語学などで用いられている再帰動詞という概念を取り入れ、中国語の再帰動詞の分類を試みる。その後に、再帰性のある他動詞が"给"と共起する場合の構文の意味的特徴を分析する。

5.4.1　再帰動詞

　本節では、"给"構文に密接に関係する動詞下位分類として再帰動詞の概念を導入する。まず、日本語の再帰動詞について、先行研究を挙げながら特徴をまとめる。次に、中国語の再帰動詞について考察する。中国語の再帰動詞に関わる先行研究には、同様の視点からの研究として、張（1993）があげられるが、本節では張（1993）と異なる分類を試みる。

5.4.1.1　日本語の再帰動詞

　再帰動詞の定義について、金田一・林・柴田（1995）は、「他動詞の中には、『着る』『履く』『あびる』のように、動作の結果、動作の主体に変化の生じるものがあるが、これを『再帰動詞』と呼ぶことがある」としている。

　再帰動詞に関しては、仁田（1982：79-90）が初めて再帰動詞と他動詞の再帰的用法を分けて提示した。再帰とは、「働きかけが動作主に戻ってくることによって、その動作が終結を見るといった現象」である。再帰的用法しかもたない「着る」「はく」「脱ぐ」のような動詞を再帰動詞、普通の他動詞でありながら、その中で一つの用法として再帰的用法をもっている場合、その用法を「再帰用法」と呼ぶ。仁田（1982）によると、例えば、日本語の「髪を切る」は、再帰用法をもつことはあるが、再帰動詞ではない。

　また、工藤（1995：69-80）は再帰動詞と自動詞が近いということを使役・他動・自動との関わりの中で説明している。使役・他動は参加者が二項以上の主体から客体へと働きかける外的運動であり、自動・再帰は、参加者が一項の、働きかけ性のない内部運動であると指摘している。

　以上の先行研究から日本語の再帰動詞の特徴が見えてくる。まとめてみると、以下のとおりである。

　①再帰動詞は一種の他動詞であり、参加者項のほかに対象項をもつ。

　②動作が行われた後、対象だけではなく、動作の主体に変化が生じ、主体の変化に主な関心がある。

　③日本語の再帰動詞の働きは自動詞に近いものである。

　では、中国語の再帰動詞は日本語と同じ特徴をもっているのであろうか。

5.4.1.2　中国語の再帰動詞

　中国語の再帰動詞に関する先行研究として、張（1993）が挙げられる。張（1993）は日本語文法で見られる再帰動詞という用語を用い、中国語の動詞の中の「動作が行われた後、動作の作用を及ぼされる対象が結果的に動作主の側に帰し、動作主に何らかの変化をもたらす他動詞」をその対象としている。

（69）小王穿上大衣出去了。

　　　王さんは外套を着て外に出かけた。

（70）日本人进屋时要脱鞋。

　　　日本人は部屋に入る時に靴を脱ぐ。

（71）我吃了两碗米饭。

　　　私はご飯を二杯食べた。

（72）他喝了三杯茶。

　　　彼はお茶を三杯飲んだ。

（73）弟弟<u>看</u>电视。

　　　弟はテレビを見る。

（74）妹妹<u>听</u>音乐。

　　　妹は音楽を聞く。

（張　1993：532）

　例文（69）と例文（70）はそれぞれ"穿"と"脱"を用いた例文である。張（1993：533）によれば、例文（69）の"穿"は動作が終わった後、"大衣"は必ず"穿"の主体である"小王"の身に付けられることとなる。例文（70）の"脱"という動詞は身に付けられているものを取り去る動きを表すものなので、動作が行われた後、動作主の身に付けられていた洋服または足に履かれていた靴などが取り去られるという結果になる。

　そして、例文（71）と例文（72）の"吃"と"喝"は物を食べたり飲んだりする動きを表す動詞であり、この種の動詞はその表している動作・行為が行われた後、動作の対象である飲食物（例えば"米饭""茶"など）が必然的に動作主の体内に摂取されるという結果が見受けられる。

　また、例文（73）の"看"は視覚他動詞であり、例文（74）の"听"は聴覚他動詞である。これらの動詞は動作が行われた後、動作の対象となるもの（例えば、ある物事の形態、様子、音声など）が動作主の感覚器官により捉えられ、知覚されるという結果が生じる、という特徴を共有している。従って、例文（73）の場合は"看"の動作が実現されると、テレビの映像が"弟弟"の目に映るのは当然であり、例文（74）の"听"も動作がなされた後、音楽のメロディーが"妹妹"の耳の中に流れ込み、"妹妹"によって聞き取られる結果が伴わなければならない。

　このように、張（1993）は中国語の再帰動詞を着脱類（例えば"穿""戴""脱""披""系（领带）"など）、飲食類（例えば"吃""喝""餐""饮"

など）、感覚器官の作用を表す類（例えば“看”“听”“闻”“尝”“摸”など）というふうに三分類している。

　張（1993）は日本語学の再帰動詞という概念を使用し、そのまま中国語に応用している。しかし、日本語の再帰動詞と完全に一致する概念が中国語の再帰動詞という概念として有効かどうかは検討する必要がある。次に、張（1993）の指摘した中国語の再帰動詞の着脱類、飲食類及び感覚器官の作用を表す類を分け、詳しく考察したい。

5.4.1.3　中国語の再帰動詞の特徴

5.4.1.3.1　着脱類の他動詞

　まず、着脱類について分析してみる。“给”を含む使役構文に用いられる動詞の特徴に関しては、田中（2001：135-156）は再帰動詞という用語を使用していないが、“给”を含む使役構文で用いられる動詞を身体に物理的な影響を及ぼす動詞（着脱や入浴に関する）と人間の五感に関係する他動詞というふうに二分類する。

　田中（2001）によれば、身体に物理的な影響を及ぼす動詞は、何かを移動させたり、操作したりすることによって、動作主がものや人に接触することを意味する。そして、動作主によって移動させられたり、操作されたりする物、あるいは動作主によって接触された物や人は、その行為によって物理的な影響を受けることになる。具体的には“穿（上）”“套上”“戴”“吊”“带上”“脱”が当てはまる。一方、人間の五感に関係する他動詞は視覚、味覚、聴覚など人間の生存に関わる基本的な動作を表す動詞である。具体的には“看”“吃”“尝”“喝”“听”にあたる。

（75）我和他一样一样地检点拾来的东西：各种尺寸的帽子——可以给自己戴，也可以给别人戴。

（《人啊，人》）

　私と彼は、拾ってきた物を一つ一つ調べていった。いろいろ

なサイズの帽子——自分でかぶってもいいし、人にかぶせ
てもいい。

例文(75)から分かるように、中国語の"戴"は「自分でかぶっても
いいし、人にかぶせてもいい」。換言すれば、自分でかぶっても、人
にかぶせても、中国語ではすべて"戴"で表現する。つまり、中国語
の着脱類の動詞は、動作が終わった後、動作の作用を及ぼされる対
象が動作主の側に帰する場合と帰さない場合の両方ともが存在し
うる。従って、中国語の着脱類の動詞は日本語の「純粋な再帰動
詞」に対応するものではないと言わなければならない。

張(1993)は、着脱類の"脱"という動詞は脱がれた洋服または靴
などは、必ず動作主自身が着ていたまたは履いていたものでなけ
ればならないと述べている。また、"穿"に関しても、動作が終わっ
た後、洋服などは必ず"穿"の主体である体に着られるとしている。
しかし、次の例文に見られるように、張(1993)の記述は妥当なもの
とは言えない。

(76)a. 我<u>脱</u>了外套。

[作例:自然度1.00]

　　私は上着を脱いだ。

　b. 我<u>脱</u>了孩子的外套。

[作例:自然度1.00]

　　私は子供の上着を脱いだ。

　　私は子供の上着を脱がせた。

例文(76)は他動詞の"脱"を使用している。例文(76)aの動作を
行う主体は「私」であり、動作を行った結果、「上着」は確かにトラ
ジェクター自身の体から取り去られ、動作が終わった後、動作の作
用が及ぼされる対象は動作主の側である。しかし例文(76)bでは、
私が着ていたのが子供の上着であれば、それに対応して「私は子供
の上着を脱いだ」は成立する。

　一方、私が子供に対し、洋服を脱がせた場合には、動作の主体は
「私」でありながら、動作を行った結果、衣服が除かれるのは動作の
主体である「私」ではなく、「子供」のほうである。つまり、例文(76)b
の"脱"という動作が終わった後、"脱"の作用が及ぼされる対象は
トラジェクターの側ではない場合が存在するということである。
このような特徴はいわゆる"把"構文でも同様である。

　(76)c. 我把孩子的外套脱掉了。

[作例：自然度1.00]

　　　私は子供の上着を脱いだ。

　　　私は子供の上着を脱がせた。

　このように、"脱"という他動詞は動作が終わった後、動作の作用
が及ぼされる対象が動作主の側に帰する場合(脱ぐ)と帰さない場
合(脱がせる)の両方が存在する。では、おおよそ"脱"の対義語に
あたる他動詞の"穿"はどうであろうか。

　(77)a. 他穿上了毛衣。

[作例：自然度1.00]

　　　彼はセーターを着た。

　b. 他穿上了爸爸的毛衣。

[作例：自然度1.00]

　　　彼は父のセーターを着た。

　c. 他把爸爸的毛衣穿上了。

[作例：自然度1.00]

　　　彼は父のセーターを着た。

　他動詞の"穿"の場合は"脱"と異なり、例文(77)aも例文(77)bも
"穿"という動作が終わった後「セーター」であるか「父のセーター」
であるかによらず、結果として"穿"の作用が及ぼされる対象は動
作主の側「彼」である。しかし、この動詞が使役移動構文で現れる
時には、移動の帰着点がトラジェクターの側でなくてもいい。

（77）'a. 他把毛衣<u>穿</u>在身上。

［作例：自然度 1.00］

彼はセーターを自分の体に着た。

b. 他把毛衣<u>穿</u>在小王的身上。

［作例：自然度 1.00］

＊彼はセーターを王さんの体に着た。

彼はセーターを王さんの体に着せた。

　例文（77）'aと異なり、例文（77）'bは"穿"が再帰的動作を表しているとは解釈できない。なぜなら、この場合は"穿"という動作の主体は「彼」であるが、動作を行った結果、「セーター」が「彼」ではなく、「王さん」の身に付けられるからである。つまり、"穿"という他動詞は、前述した他動詞の"脱"と同様、トラジェクターのみならず、トラジェクター以外の人に対する働きかけも表せる。

　以上のように、他動詞の"脱"や"穿"という動詞は、動作が終わった後、動作の作用が及ぼされる対象が動作主の側に帰する場合（再帰的用法）と帰さない場合（非再帰的用法）の両方が存在しうる。このため、"脱"や"穿"のような着脱類の動詞は純粋な再帰動詞とは言えないと考える。

5.4.1.3.2　飲食類の他動詞

　上述のように、着脱類の動詞は純粋な再帰動詞ではない。では、飲食類の動詞はどうであろうか。次の例文を見てみよう。

（78）a. 我<u>吃</u>了蛋糕。

［作例：自然度 1.00］

私はケーキを食べた。

b. 我<u>吃</u>了妈妈的蛋糕。

［作例：自然度 1.00］

私は母のケーキを食べた。

c. 我把妈妈的蛋糕<u>吃</u>了。

[作例：自然度1.00]

私は母のケーキを食べた。

　例文(78)は他動詞の"吃"を使用している。例文(78)a—(78)cに示すように、"吃"という動作が終わった後、「ケーキ」がほかでもなく動作の主体の「私」の側に帰することが分かる。次の"喝"も同じような振る舞いが見られる。

(79)a. 弟弟<u>喝</u>了果汁。

[作例：自然度1.00]

弟はジュースを飲んだ。

b. 弟弟<u>喝</u>了妹妹的果汁。

[作例：自然度1.00]

弟は妹のジュースを飲んだ。

c. 弟弟把妹妹的果汁<u>喝</u>了。

[作例：自然度1.00]

弟は妹のジュースを飲んだ。

　このように、飲食類の"吃"や"喝"のような他動詞は動作が終わった結果、動作の作用対象である「ケーキ」や「ジュース」などは動作主の側に帰する。つまり、「ケーキ」はほかの誰でもなく、「私」のお腹に入るのである。「ジュース」や「妹」と関係なく、「弟」の体内に飲み込まれるということである。従って、飲食類の他動詞は純粋な再帰動詞である。

5.4.1.3.3　感覚器官の作用を表す類の他動詞

　上述のように、飲食類の動詞は再帰動詞と言える。では、感覚器官の作用を表す類はどうであろうか。次の例文を見てみよう。

(80)a. 我<u>看</u>了比赛。

[作例：自然度1.00]

私は試合を見た。

b. 我<u>看</u>了爸爸的比赛。

［作例：自然度1.00］

私は父の試合を見た。

c. 我把爸爸的比赛<u>看</u>完了。

［作例：自然度1.00］

私は父の試合を見た。

(81)a. 小王<u>听</u>了故事。

［作例：自然度1.00］

王さんはストーリーを聞いた。

b. 小王<u>听</u>了爷爷的故事。

［作例：自然度1.00］

王さんはお爺さんのストーリーを聞いた。

c. 小王把爷爷的故事<u>听</u>完了。

［作例：自然度1.00］

王さんはお爺さんのストーリーを聞いた。

例文(80)と例文(81)に示すように、感覚器官の作用を表す類の“看”や“听”という動詞については動作が行われた後、動作の対象となる「試合」や「ストーリー」が、ほかの誰でもなく動作主の感覚器官により捉えられて知覚される。従って、例文(80)では、「試合」が「私」の目に映るものであり、そして例文(81)では、「ストーリー」が「王さん」の耳の中に流れ込むものである。従って、感覚器官の作用を表す類に関係する他動詞は再帰動詞と言える。

このように、飲食類と感覚器官の作用を表す類の他動詞は、張(1993)の指摘したとおりに、再帰動詞と見ることができる。一方、着脱類の他動詞は純粋でない再帰動詞と判断する。

5.4.2 再帰用法をもつ他動詞の"给……V"構文

本節では、"给……V"構文の中で、Vが再帰性のある他動詞の場合の構文の意味的特徴を探る。"给"に後続する動詞が純粋でない再帰動詞の場合、新たに追加されたIOがランドマークとしてプロファイルされた脱再帰構文となる。"给"の後にくる動詞が真の再帰動詞の場合、新たに追加されたIOは、Vが表す再帰的事象のトラジェクターとランドマークを兼ね、文全体としてはこの二次的な事象を引き起こす使役の意味を示す構文となると考えることができる。

5.4.2.1 使役の意味をもたない脱再帰構文

ここでは"给……V"構文のVが純粋でない再帰動詞である場合の構文の意味的特徴について着脱類と身体部位を対象とする他動詞に分けて分析する。着脱類では、物の移動が観察されるため、使役移動構文とも見ることができるが、身体部位を対象とする他動詞では物の移動はない。Vが着脱類と身体部位を対象とする他動詞の"给……V"構文は、意味的には受益者を表す介詞の"为"を用いる構文と似ているが、この項がIOとしてプロファイルされた構文であると主張する。

5.4.2.1.1 着脱類の他動詞

まず、現代語コーパスからの例文を挙げる。

（82）a. 衣服弄好了，我给小鲲穿上试试。

（《人啊，人》）

服が仕上がり、小鲲に着せてみた。

（83）a. "你没看见小妹病了吗?"陆文婷瞪了园园一眼，忙给佳佳脱了衣服，把她放在床上，替她盖上被子。

（《人到中年》）

　　「佳佳ちゃんが病気なの見て分かるでしょう」陸文婷は
　　目で園園を叱り、佳佳の服を脱がせてベッドに寝かせ、
　　布団のはしを押さえてやった。

(84)a. 她想伸过手去,拉一件衣服<u>给他披上</u>。

(《人到中年》)

　　手を伸ばして彼に上着でも被らせてやりたい。

　張(1993：552)は上例のような表現を手助けの動きを表す用法であると指摘する。確かに、例文(82)aと例文(83)aでは、IOの"小鲲"と"佳佳"は幼い子供であり、動詞の示す動作即ち"穿""脱"を自らすることが困難だと想定される。このため、これらの衣服の位置変化は、文の主語として表示された"我"と"陆文婷"によって引き起こされていることが示される。例文(84)aでは、IOの"他"は大人であるが、"衣服"の位置変化を引き起こす行為をするのは、自分ではなく、主語の"她"のほうである。

　このような構文では、物の位置変化とIOの状態変化が共に観察できる。具体的には、例文(82)aであれば、主語である"我"の手助けによって、洋服はIOの"小鲲"のところに移動し、"小鲲"が洋服を着ていない状態から、洋服を着ている状態に変化する。例文(83)aであれば、主語の"陆文婷"の手助けにより、洋服はIOの"佳佳"のところから離れ、"佳佳"が洋服を着ている状態から、洋服を着ていない状態に変化する。そして例文(84)aであれば、主語の"她"の手助けで、物の洋服は彼女のところから、IOの"他"のところへ移動し、その結果彼が洋服を被っている状態に変化することが想定される。

　上記の例文(82)a—(84)aの"给……V"構文の"给"を使役マーカーの"让"に入れ替えると、次の例文(82)b—(84)bに示すように、構文としては成立するが、異なる意味となる。

(82)b. 衣服弄好了,我<u>让</u>小鲲<u>穿</u>上试试。

　　服が仕上がり、小鲲に着させてみた。

（83）b. "你没看见小妹病了吗?"陆文婷瞪了园园一眼,忙<u>让</u>佳佳<u>脱</u>了衣服,把她放在床上,替她盖上被子。

「佳佳ちゃんが病気なの見て分かるでしょう」陸文婷は目で園園を叱り、佳佳に服を脱がせてベッドに寝かせ、布団のはしを押さえてやった。

（84）b. 她想伸过手去,拉一件衣服<u>让</u>他<u>披</u>上。

手を伸ばして彼に上着でも被らせてやりたい。

例文（82）b—（84）bで、"给"が使役マーカーの"让"に変わると、構文は使役の意味となる。そして、"给……V"構文の場合と異なり、動作行為の"穿""脱""披"を行ったのは主語である"我""陆文婷"及び"她"ではなく、動詞直前の"小鲲""佳佳""孩子"のほうである。この場合の行為は、再帰的行為と呼ばれる。

また、上記の"给……V"構文の"给"を受益マーカーの"为"に入れ替えると、構文が成り立つのであるが、"为"を用いる構文が脱再帰の用法のほかに「再帰非使役」の用法を有することが分かる。

（82）c. 衣服弄好了,我<u>为</u>小鲲<u>穿</u>上试试。

服が仕上がり、小鲲に着せてみた。

（83）c. "你没看见小妹病了吗?"陆文婷瞪了园园一眼,忙<u>为</u>佳佳<u>脱</u>了衣服,把她放在床上,替她盖上被子。

「佳佳ちゃんが病気なの見て分かるでしょう」陸文婷は目で園園を叱り、佳佳の服を脱がせてベッドに寝かせ、布団のはしを押さえてやった。

（84）c. 她想伸过手去,拉一件衣服<u>为</u>他<u>披</u>上。

手を伸ばして彼に上着でも被らせてやりたい。

例文（82）c—（84）cでは、"给"を"为"に変えると、意味的には"给……V"構文の示す脱再帰の意味を維持することができる。と

ころが、“为”を含む構文には、もう一つの「再帰非使役」の用法が存
在する。

　例えば、例文(82)cを「再帰非使役」的に解釈する場合に、“小鲲”
はこの洋服が“我”に一番ぴったりだと思っており、“我”に「着て欲
しい」と言ってくれる。そこで、“我”はその洋服があまり気に入っ
ていないが、“小鲲”のために試着してみる、という意味を表す。こ
の時も例文(82)cと全く同様の“我为小鲲穿上试试”で表現するこ
とができる。この場合に、構文の動作行為の主体の“我”が“穿”と
いう動作を行った結果は「洋服が私の体に帰した」という意味で、
再帰的事象であると見られる。

　それに対し、“给……V”構文は「再帰非使役」の用法が成立しな
い。“给”は、DOで表された移動物の移動先あるいは移動元を特定
する。これは“自己”を明示的に用いない限りがトラジェクターと
別の人物であると理解される。

　以上の分析から、“给……V”構造において、Vが着脱類のような
純粋でない再帰動詞の場合、脱再帰の意味を維持する点で、意味的
には“为”を用いる構文に似ていることが分かる。また、構文の示
す意味的特徴は、トラジェクターが、IOとしてプロファイルされた
ランドマークに対する働きかけの過程に移動物の位置変化が見ら
れるため、このタイプの構文は、場所をIOとする使役移動構文の一
種であると判断する。“脱”のように、移動の起点をIOとできるのも
この種の使役移動構文の特徴である。ただし、使役移動構文と異
なるのは、着脱類においてIOとなりうるのが人間だけであるとい
う点である。

　なお、上記に挙げた“穿”“脱”“披”のほかに“戴”“别”“束”“换”
“蒙”“罩”のような動詞も、「身に付ける」という意味から、着脱の動

詞としての用法をもっていると見られる。①

5.4.2.1.2　身体部位を対象とする他動詞

本節では、着脱類以外の他動詞で、用法の一つとして再帰的用法をもっている動詞を考察する。再帰的用法が成立するのはランド

---

① "戴""别""束""换""蒙""罩"のような動詞の具体例は次のようである。

a. 不管母亲的悲哭,他昂然地立在地上,由宪兵<u>给</u>他<u>戴上</u>了沉重的手铐。

《青春之歌》

母親の悲しみをよそに、彼は昂然と床に立ちはだかって、憲兵から重い手錠をかけられた。

b. "姐姐,俺们<u>给</u>你<u>别上</u>吧,俊着哩。"几只小手轻轻把一朵朵小花插在我的发辫上。

《轮椅上的梦》

「お姉ちゃんの髪に飾ってあげる」小さな手がいくつか、私のおさげにそっと花を差しこんだ。

c. 护士过来<u>给</u>她<u>束好</u>腰带后,忽然端详着她问道。

《人到中年》

看護婦が後ろに寄り添って、帯を結んでくれながら、つと彼女の顔を覗き込むようにしながら言った。

d. 婶婶正怀着孕。她艰难地走到尸首前,当众<u>给</u>叔叔<u>换上</u>了一身干净衣服。

《人啊,人》

叔母は身ごもっている。苦労して遺体の前に行き、衆人の前で叔父をきれいな衣服に着換えさせた。

e. 小护士一边抿嘴儿笑着,一边<u>给</u>这兴奋得直要坐起来的病人<u>蒙上</u>有孔巾,一边嘱咐说。

《人到中年》

看護婦らは唇に手をあてて笑いこけながらも、興奮の余りベッドの上に起き上がろうとする患者に、穴のあいた白布を顔にかけてやりながら、宥めるように言った。

f. 护士<u>给</u>小病人<u>罩上</u>有孔巾。

《人到中年》

看護婦は小さな患者に穴のあいた白衣をかけてやった。

マークとして身体部位が指定されている場合で、この身体部位が
トラジェクターの身体部位である場合、トラジェクター自身に影
響が及ぶ再帰的用法となる。この種の動詞を「身体部位を対象と
する他動詞」と名づける。

　身体部位が譲渡不可能なので、このような構文は、脱再帰の用法
においても物の位置変化が観察できず、身体部位も移動物が見ら
れない。"给"で導かれたIOは、移動先や移動元ではなく、トラジェ
クター以外の身体部位の所有者である。

（85）"急什么，我不是在这儿吗！"他掏出手绢，弯腰给小竹擦着
　　　眼睛。

（《钟鼓楼》）

　　　「何を心配するんだ、ちゃんとここにいるじゃないか」彼は
　　　ハンカチを出し、腰をかがめて息子の目をふいてやった。

（86）"我在那给他剃着头，他还得跟互助组的一个一个地谈心思，
　　　摆工作。哎呀呀，有这么忙的没有呢……"

（《金光大道》）

　　　「おれが頭を刈ってる最中にも互助組の人たちの相談に
　　　乗ってやり、仕事の按配をしなくちゃなんねえ始末だ。い
　　　やあ、まったく忙しかったの忙しくなかったの……」

（87）"张先生，你问我累不累？给人做活哪有不累的呀！文台他娘
　　　是阔家小姐出身，见天给她梳头打洗脸水不算，洗洗缝缝的事
　　　总也没个完。"

（《青春之歌》）

　　　「張先生、疲れるかって？そりゃあ、他人に使われてるんで
　　　すよ、疲れるのは当然ですよ。文台のお母さんは、金持のお
　　　嬢さんの出たもんで、朝から晩まで、やれ髪を梳け、顔を洗
　　　う水をもってこい、おまけに洗い物だ、縫物だって、終りと
　　　いうものがなくてね。」

例文(85)—(87)では、"给"に後続する動詞はそれぞれ"擦""剃""梳"である。このような動詞は、人間の身体部位に対し、動作行為を行うことを示す。

ところが、このような動作行為を行うことによって、"给"に後続するIOの状態変化が見られる。具体的には、例文(85)であれば、"擦"を行うことで、IOの"小竹"は目が清潔になり、例文(86)であれば、"剃"を行うことで、IOである"他(朱铁汉)"の髪の毛が短くなり、例文(87)であれば、"梳"を行うことにより、IOの"她"は髪の毛がきれいになることが想定される。

身体部位を対象とする他動詞を用いる構文は、「着脱類動詞」と同様、意味的に手助けの意味を有することが見られる。例文(85)では、文脈から"小竹"が子供であることが分かる。"小竹"は自分で「目を拭く」ことができないと思われ、主語の"他"が拭いてやったことを意味する。例文(86)では、一般的には、「頭を刈る」ことは自分ですることができないため、主語である"我"がやってやることが分かる。そして、例文(87)では、IOの"文台他娘"に対して「髪を梳く」ということを主語がしてやっている。

このことから、身体部位を対象とする他動詞は着脱類の他動詞と同様、手助けの意味をもつことが分かる。このタイプの動詞は"为"と"让"との異同も前述の着脱類の他動詞と同じような振る舞いが見られる。ここでは詳しい比較内容を省略する。

第5.4.2.2節で取り上げる構文は、IOが行為の対象(NP₂)の所有者である場合とも見ることができる。この構文はIOの具体的な状態変化が含意される。

なお、身体部位を対象とする他動詞には、上で取り上げた"擦"

"剃""梳"のほかに、"垫""套""拭""焐""捶"などがある。①

5.4.2.2　使役の意味を示す"给……V"構文—飲食類と感覚器官
の作用を表す類—

ここでは"给……V"構造において、Vが真の再帰動詞飲食類と感
覚器官の作用を表す類の場合の構文の意味的特徴を考察する。V
が飲食類と感覚器官の作用を表す類の"给……V"構文は、IOが二

---

① "垫""套""拭""焐""捶"のような動詞の具体例は次のようである。

　a. 紫茄子扯过枕头给儿子垫在脑袋下边。

（《金光大道》）

　「青ナス」は枕を引っぱって子どもの頭の下にあてた。

　b. 他刚要摸,钱彩凤已经蹲下身,扒掉了他脚上的两只旧鞋,挺麻利地把两只黑
　　斜纹布面、千层底的新鞋给他套在脚上了。

（《金光大道》）

　それに手をやろうとしたら、銭彩鳳はもう足元にしゃがんで、はき古した両
　方の靴をさっさと脱がせ、おろしたての黒地の布靴をはかせていた。

　c. 我不知他还骂了些什么,我也不知自己是怎么醒过来的,我只见他还站在我的
　　面前,我胃里一翻,一下子吐了出来。他见我这样,忙又掏出手帕,给我拭嘴。

（《天云山传奇》）

　彼が何をまだ怒鳴っているのかも、自分でどのように気が付いたのかも分ら
　なかったが、まだ彼が私の前にいるのを見ると、胃がムカッとしたとたんに私
　はいきなり吐いた。それを見た彼は慌ててハンカチを出し、私の口をふこう
　とした。

　d. 妈妈用自己的温暖的手掌给他焐腿。

（《活动变人形》）

　ママは自分の暖かい手で彼の足を温めてくれた。

　e. 陈姨太带着一股脂粉香,扭扭捏捏地从隔壁房里跑过来,站在旁边给祖父捶背。

（《家》）

　陳姨太が慌てて隣りの部屋から駆け出して来て、立ったまま祖父の背中を
　たたいてあげた。

次的な行為のトラジェクターとみなしうるという点では、使役構文ともみなすことができる。ただし、この二次的なトラジェクターは同時にランドマークとして、飲食物や感覚の取得という状態変化を経る。また、トラジェクターとしての働きかけは、特に感覚器官の作用を表す類で認知的な際立ちをもたず、「見える」「聞こえる」のように、感覚刺激をトラジェクターとする受動的なランドマークとしての側面だけが際立つ枠組みで捉えられることも多い。

以下にまず、この種類の例文を挙げる。

(88) a. "但我们副领队后来给我看了那些照片。"

(《鲁豫有约・沉浮》)

「でも、私たちの副リーダーは後であれらの写真を見せてくれた。」

(89) a. 他们给婴儿听各种各样的声音,如口琴和管风琴的演奏、吹哨子声和削铅笔声等等。

(《儿童心理》)

彼達は赤ちゃんにいろいろな音を聞かせ、例えばハーモニカとオルガンで演奏する音、呼び子を吹き鳴らす声と鉛筆を削る音など。

(90) a. 我给母亲吃清淡饮食……我觉得这才是孝顺呢。

(《梁冬对话罗大伦》)

私は母親にあっさりとしたお食事を食べさせていて……これこそ親孝行だと思うの。

(91) a. 我给孩子喝了一杯水。

[作例:自然度1.00]

私は子供に水を一杯飲ませた。

例文(88)a—(91)aでは、"给"の後に位置される動詞はそれぞれ"看""听""吃""喝"である。これは張(1993)の示した飲食類と感覚

器官の作用を表す類に当てはまる。上記の例文に示すように、こ
れらの動詞の示す動作行為を行ったのは構文の主語ではなく、動
詞直前の"我""婴儿""母亲""孩子"のようなDO名詞句で表される
参与者である。これは第5.4.2.1節で述べた純粋でない再帰動詞の
用法と対照的である。

　"给"の直後の"我""婴儿""母亲""孩子"は"给"の目的語となり、
同時に後の"看""听""吃""喝"の主語ともなるため、兼語文を構成
すると見ることもできる。これは、中国語の使役文に共通する特
徴である。

　ところが、上記の例文では、IOで表されたランドマークが動作行
為を行使できるように、トラジェクターが何かを用意したり作っ
たりして、それをランドマークに授与することを意味するため、物
の位置変化とIOの状態変化の両方が観察できる場合が多い。

　具体的には、例文(88)aが意味しているのは、「私が写真を見られ
るように、主語の副リーダーは写真を用意し、私の前にもってき
た」ということである。そのため、写真は副リーダーのところか
ら、私のところへ移動する。そして、私は写真を見ていない状態か
ら、写真を見た状態となることも想定される。例文(89)a—(91)a
も同様である。物の位置変化が見られる点では、このタイプの構
文は、第5.2節で述べた物の位置移動構文に似ている。

　上の例文を受益構文のマーカーと思われる"为"に入れ替える
と、構文としては適格となるが、意味が変わってしまうことが分
かる。

(88)b. "但我们副领队后来<u>为</u>我看了那些照片。"

　　　「でも、私たちの副リーダーは後であれらの写真を見て
　　　くれた。」

(89)b. 他们<u>为</u>婴儿听各种各样的声音,如口琴和管风琴的演奏、
　　　吹哨子声和削铅笔声等等。

彼達は赤ちゃんのためにいろいろな音を聞いてあげて
いて、例えばハーモニカとオルガンで演奏する音、呼び
子を吹き鳴らす声と鉛筆を削る音など。

(90)b. 我<u>为</u>母亲吃清淡饮食……我觉得这才是孝顺呢。

私は母親のためにあっさりとした食事を食べてあげ
て……これこそ親孝行だと思うの。

(91)b. 我<u>为</u>孩子喝了一杯水。

私は子供のために水を一杯飲んであげた。

また、例文(88)a—(91)aの"给"を使役マーカーの"让"に入れ替
えると、次の例文(88)c—(91)cに示すように、原文と共通する事象
構造となることが分かる。

(88)c. "但我们副领队后来<u>让</u>我看了那些照片。"

「でも、私たちの副リーダーは後であれらの写真を見せ
てくれた。」

(89)c. 他们<u>让</u>婴儿听各种各样的声音，如口琴和管风琴的演奏、
吹哨子声和削铅笔声等等。

彼らは赤ちゃんにいろいろな音を聞かせ、例えばハーモ
ニカとオルガンで演奏する音、呼び子を吹き鳴らす声と
鉛筆を削る音など。

(90)c. 我<u>让</u>母亲吃清淡饮食……我觉得这才是孝顺呢。

私は母親にあっさりとしたお食事を食べさせてい
て……これこそ親孝行だと思うの。

(91)c. 我<u>让</u>孩子喝了一杯水。

私は子供のために水を一杯飲ませた。

"给……V"構文と"让"を用いる構文は同じく兼語文で使役の意
味を共有する。しかし、異なるところもある。それは、前述したよ
うに、"给"を用いる構文では、IOが直後の動作行為を行使できるよ
うに、主語が何かを用意したり作ったりすることが含意される。

一方、“让”を用いる構文は、IOに対し、直後の動作行為を行使する
ように指示する場合にも使用できる。

佐々木（1993：15）では、中国語の“给”は単文構造の操作使役
（manipulative causation）という用法のみに限定され、複文構造をも
つような指示使役（directive causation）を表すことができないと指
摘する。このため、次の例文（92）に示すように、指示的内容を示す
副詞句を伴う場合に、“让”を用いる構文が容認できるのに対し、
“给”を用いる構文は不適格となる。

（92）a. 张三让李四｛在食堂/慢慢儿/三点钟｝吃饭。

b. *张三给李四｛在食堂/慢慢儿/三点钟｝吃饭。

（張三は李四に｛食堂で/ゆっくり/三時に｝ご飯を食べ
させる。）

（佐々木 1993：15）

例文（92）では、“在食堂（食堂で）”はご飯を食べる場所を示し、
“慢慢儿（ゆっくり）”は食べる様態を示し、“三点钟（三時に）”はご
飯を食べる時間である。これらの要素を指示される場合に、“让”
を使用する例文（92）aは成り立つが、“给”を使用する例文（92）bは
非文となることが分かる。

つまり、“给……V”構文は、IOが直後の動作行為を行使できるよ
うに、主語は直接的に何かを用意したり作ったりして、それにより
IOの再帰的行為の実現を可能にするという操作使役を意味する。
このような準備には物の位置変化も含まれるので、授与構文の意
味を内包する場合もある。一方、“让”を用いる構文は、IOに対し、
直後の動作行為を行使するように指示するのみという指示使役を
表すことができ、指示される動作行為の内容が複雑な動詞句を成
していてもいい。

“给……V”構文を用いる飲食や感覚の使役では、言い換えれば、
被使役者であるランドマークのトラジェクターとしての性格が背

景化され、飲食物や感覚の取得による状態変化という、「取得」類の動詞と共通の側面のみが際立っていると見ることもできる。第5.2節で述べたように、中国語の「取得」類の動詞が"给……V"構文に現れると、新たに追加されたIOで表された参与者が移動物の取得者としてプロファイルされる。飲食類と感覚器官の作用を表す動詞でも、IOとしてプロファイルされた参与者が、トラジェクターと異なる飲食物や知覚の取得者として追加されている二重目的語構文とみなすことができる。

なお、飲食類と感覚器官の作用を表す類の動詞として、前述の"看""听""吃""喝"のほかに、"瞧""过目""欣赏""服"も同様の用法をもっている。①

----

①"瞧""过目""欣赏""服"の具体例は次のようである。なお、"瞧""过目""欣赏"は"看"の意味を表し、"服"は"喝"に相当する。

a. "我不要你的! 给我瞧瞧。"

(《红日》)

「要らないから。見せてください。」

b. 我边把证明材料给他们过目边说:"我没打人、骂人,只想谈判。"

(《作家文摘1997》)

私は証明用の資料を彼らに見せながら、「私は人を殴っていないし、罵っていない、ただ交渉したいだけです」と言った。

c. 画家给我们欣赏了他刚刚画好的画。

[作例:自然度1.00]

画家が私たちに完成したばかりの絵を見せてくれた。

d. "先不管它。吃药罢。"他给靖甫服了药,这才拿起那包书来看。

(《彷徨》)

「それより、薬を飲むのだ」彼は靖甫に薬を飲ませてから、その本の包みを取り上げた。

5.4.3 "给"の役割

本節では、"给……V"構造において、"给"に後続する動詞が再帰動詞及び再帰用法のある他動詞の場合の"给"の役割を考察する。着脱類、身体部位を対象とする他動詞、再帰動詞のいずれの場合も、"给"が追加されることによって、再帰的意味を有する他動詞は再帰性が失われる。"给"が動詞の再帰性に影響を及ぼすということである。

まず、着脱類と身体部位を対象とする他動詞の例文を見てみよう。

(93)a. 我穿一身红,红得像团火。

私は上から下まで赤いものを着たかった。まるで火の玉みたいに。

b. 那时候,妈妈爱给我穿一身红,红得像团火。

(《人啊,人》)

あのころ、お母さんは私に上から下まで赤いものを着せたがった。まるで火の玉みたいに。

c. 那时候,妈妈爱给穿一身红,红得像团火。

あのころ、お母さんは上から下まで赤いものを着せたがった。まるで火の玉みたいに。

(94)a. 祖父捶背。

祖父が背中をたたいた。

b. 陈姨太带着一股脂粉香,扭扭捏捏地从隔壁房里跑过来,站在旁边给祖父捶背。

(《家》)

陳姨太が慌てて隣りの部屋から駆け出して来て、立ったまま祖父の背中をたたいてあげた。

c. 陈姨太带着一股脂粉香,扭扭捏捏地从隔壁房里跑过来,

站在旁边给<u>捶背</u>。

陳姨太が慌てて隣りの部屋から駆け出して来て、立った
ままたたいてあげた。

　上記の例文は着脱類及び身体部位を対象とする他動詞を使用し
ている。b 文が原文であるが、a 文と c 文は筆者の作例である。例
文(93)a と例文(94)a では、動作行為の"穿"や"捶"が行われた結果、
動作の主体であり、構文の主語の"我"と"祖父"に変化が生じるこ
ととなる。

　一方、例文(93)b と例文(94)b は異なる。新たに"给"が加わるこ
とで、構文の表す意味は、主語の"妈妈"と"陈姨太"が IO に対し、
"穿"や"捶"という動作行為を行った結果、状態変化したのが構文
の主語ではなく、IO のほうとなる。

　例文(93)c と例文(94)c に示すように、"给"に後続する IO が了解
される場合に、"给"の直後に現れなくても構文は成立する。この
場合に、c 文と"给"のない a 文との違いは保たれる。

　このことから、着脱類及び身体部位を対象とする他動詞は再帰
性を有するが、"给"が加わると、動詞の再帰的解釈が排除されるこ
とが分かる。

　"给"のこのような役割は、同じ"给……V"形式をとる"给"に後
続する動詞が再帰動詞の場合にも見られる。

（95)a. 母亲<u>吃</u>清淡饮食。

母親があっさりとしたお食事を食べる。

　b. 我给<u>母亲吃</u>清淡饮食……我觉得这才是孝顺呢。

［例文(90)a を再掲］

私は母親にあっさりとしたお食事を食べさせてい
て……これこそ親孝行だと思うの。

　c. 我<u>给吃</u>清淡饮食……我觉得这才是孝顺呢。

私はあっさりとしたお食事を食べさせていて……これ

こそ親孝行だと思うの。①

　例文(95)の"吃"も、a文であれば、動作を行った結果は、すべて動作の主体であり、構文の主語でもある"母亲"のほうに帰し、「母親はあっさりとしたお食事を食べる」ということを意味する。b文のように"给"が追加されることにより、動作行為の"吃"を行ったのは構文の主語ではなく、IOのほうである。c文に示すように、IOが了解されていて省略されている場合も構文の適格性に影響せず、a文とは区別される。

　以上の分析から、"给……V"構文において、"给"に後続する動詞が再帰動詞の場合、"给"が追加されることによって、動詞の再帰性がなくなることが分かる。②"给"の役割に関して、従来の先行研究では、"给"が授与目標であるIOを明確化すると指摘するが(袁1997など)、後続する動詞が再帰的動作を示す場合、"给"が動詞の再帰性にも影響を及ぼすことが分かる。

5.4.4　まとめ

　以上の分析から分かるように、再帰動詞という概念は、中国語の記述にとって有効であると言えるが、日本語の再帰動詞と異なるところがある。中国語の再帰動詞は飲食類と感覚器官の作用を表す類しか認められず、着脱類に関する他動詞は純粋でない再帰動詞(再帰的解釈と非再帰的解釈の両方が可能)と考える。

　"给……V"構文において、"给"の後に位置する動詞が着脱の意味を有する場合、構文は一般的に物の位置変化とIOの状態変化の

---

① 例文(95)では、"给"に後続する動詞は再帰動詞である。b文は原文であるが、a文とc文は筆者の作例である。

② "给"に後続するIOが"自己"となる場合は、動詞の再帰性が依然として保たれている。

両方が見られる。これらの構文は、IOが場所ではなく人間に限定された使役移動構文であると考える。"给"は、トラジェクターと異なる参与者をランドマークとして導入する。

一方、動詞が身体部位を対象とする他動詞の場合、身体部位が譲渡不可能なため、IOの状態変化だけが観察される。"给"を導入するのは、トラジェクターと異なる参与者の状態変化を起こす身体部位の所有者である。

そして、"给"に後続する動詞が真の再帰動詞の場合は、物の位置変化とIOの状態変化が共に観察される。構文の示す意味的特徴は「取得動詞」の"给……V"構文に似ており、トラジェクターと飲食物や知覚の受け手が異なることから、授与構文の一種として捉えることができる。

"给"の役割については、後続する他動詞が再帰性をもちうる場合に、"给"と共起することで、再帰性が失われることも明らかである。

5.5 受益用法の"给……V"構文

第5.3節と第5.4節は、"V给"構文に現れない動詞が"给……V"構文に現れる場合のいくつかの型を取り上げた。第5.3節で論じた「使役移動動詞」と第5.4節で論じた「着脱類動詞」は、NP2の位置が"给"に後続するIO（NP1）を起点あるいは終点として変化する構文を作る。第5.4節で論じた身体部位を対象とする他動詞は、当初からNP1の領域内にあるNP2の位置は変化しないが、状態が変化する構文を作る。第5.4節で論じた再帰動詞は、NP1がNP2を何らかの形で取得するという点で、第5.2節で論じた「取得動詞」の型の授与構文を見ることができる。これらは、NP2の当初の位置が、NP1の領域内である場合（NP1を起点とする位置変化と、NP2の状態変化）と、NP1の領域外という構文がNP1の領域内への位置変化を含意する場

合とに大別できる。その他の動詞の"给……V"構文についても、
この二分法が有効であると考える。

　本節では、主として"给……V"構文を用いる受益構文について
考察を行う。受益者を参与者として導入する受益構文は、日本語
のように幅広い構文に適用できる言語もあるが、中国語の"给"を
用いる受益構文は、"给"に後続する受益者がIOとしてプロファイ
ルされており、「受益」の内容が動詞によってかなり制約されてい
る、というのが本書の主張である。"给"を用いる受益構文は、IOを
人間とし、DOが存在しなければならない。制約の内容は、DOであ
るNP$_2$とNP$_1$の領域に関わるものである。

　本節でいう受益表現は、次の例文（102）のような構文である。

（96）老元下乡检查回来，背了一大堆东西，元二嫂高兴地<u>给老元
开门</u>。

（《人民日报》1993年）

　　元さんが田舎から検査して戻って、たくさんの物を背負っ
　　てきた。元二姉ちゃんはニコニコしながら、元さんにドア
　　を開けてあげた。

　例文（96）で、構文のIOとして表された"老元"は、トラジェクター
である"元二嫂"の"开门"ことによって、利益を受ける受益者である。
この場合に、"门"の位置変化はしないが、状態は変化する。"门"の
この状態変化を"老元"が期待していた、という点で「受益」が成立
するが、この点を、"门"が"老元"の「接近可能な領域」にある、と考
える。

　楊（2009：3）が「そもそも授与と受益は密接に関係しており、必ず
しも明確に区別できるものではない。一般的な状況の下では、も
のの提供を受けた人物は抽象的な意味での受益者とみなされやす
い」と言及するように、先行研究での「受益」と「授与」の定義は曖昧
な点がある。本書も、受益表現の"给"がもともと「授与」を表す本

動詞の"给"から拡張された構文であるという立場にあるが、受益
表現と授与表現が共に二重目的語構文である点に着目し、その成
立条件を動詞の種類とDOの領域に結び付けることにより、受益表
現と授与表現が区別できると考える。

　そのため、ここではまず、中国語の受益構文に新たな定義を提案
する。また、同じく受益表現のマーカーである"为"や"替"との対
照も含め、このタイプの構文の意味的特徴を探る。

5.5.1　受益構文の新たな定義

　"给……V"構造を用いる構文に関して、太田(1956:186)は、使役
と受益の二通りの意味にとることができると指摘する。同時に、
「動作の授与」として分析している。

　(97)给你看看。

　　　a. みせてあげます。

　　　b. みてあげます。

（太田　1956:186）

　太田(1956:187)によると、例文(97)aの意味を示す場合は"使"や
"让"で置き換えることができるのに対し、例文(97)bの意味を表す
場合は"为"や"替"で置き換えることができるとし、前者が使役構
文、後者が受益構文に近いことが分かった。

　この「使役」構文に関しては、すでに第5.4節で授与構文の一種で
あると考察したので、本節では主に中国語の受益構文について分
析を行う。

　「動作の授与」という考え方は、中国語の受益構文の先行研究で
その後もしばしば見られる考え方である。

　朱(1979:83-84)は、"给"が「服務」の受け手を導く場合には介詞
とし、"给"が動詞で授与の受け手を導く場合と区別し、いずれが可
能であるかは動詞によって異なるとした。例えば、"卖"のような

動詞は、"给……V"構文では前者のみが可能である。

（98）我给他卖了一辆车。

（朱 1979：84）

　　私は彼のために車を一台売ってやった。

　これは受益構文であるが、日本語の訳文と比べると、解釈の幅は非常に狭い。日本語では「車が本来私の所有だった」という解釈や「彼が車の買い手である」という解釈が自然であるが、例文（98）ではこれらが排除される。車は「彼が売りたかった車」でなければならないのである。また、例文（98）で背景化されている授与の受け手、つまり買い手は、この構文では参与者として表示することができない。

　第5.2節で述べたように、"给……V"構文で授与の受け手を導くことができる"寄类（「差し出す」類）"や"写类（「書く」類）"の動詞でも授与の受け手と受益者の選択は二者択一である。次の例文（99）のような「取得動詞」でも、授与の受け手と異なる受益者が想定される場合、つまり、「妹が誰かに買ってやろうと思っていた車を代わりに買ってやる」というような文脈で受益構文となり、「授与」との間の二義性が成立する。

（99）我给妹妹买了一辆车。

［例文（18）を再掲］

　　私は妹の代わりに車を一台買ってやった。

　　私は妹に車を一台買った。

　盧（1993）は、朱（1979）の三類の文型をめぐり、Vと"给"の関連性に目を向けながら、"给"の統語範疇を再検討している。"给……V"構文、"V……给"構文、"V给"構文という順に文法性が高いものから周辺的なものまで、階層を成していると述べている。"给……V"構文において、"给"で導かれる名詞句のすべてを受益者と認識し、受益者の性格が多様であるとする。物の「授与」が観察される受け

手も受益者とみなしている。また、次の例文(100)に示すような、身体部位を対象とする他動詞の“给……V”構文も受益構文に含められる。

(100)张三给李四洗头。

（盧 1993:67）

　　張三は李四に頭を洗ってあげる。

盧(1993:67)によると、例文(100)の“头”が李四の“头”で、洗うことが張三から李四への「服務」なので、“给”は李四が受益者の立場にあることを示すとされる。

木村(2012:228)も、次の例文(107)を受益構文に含めている。

(101)小红　　　　给　　　小王　　梳　头发。

（木村 2012:228）

　　シヤオホン　PREP　王くん　梳く　髪

　　シヤオホンは王くんの髪を梳かしてやった。

木村(2012:228-229)によれば、“小王”はモノであり、“头发”を与える対象ではなく、“梳头发”という動作行為がもたらす恩恵もしくは利益を与える対象であり、即ち受益者であるとされる。木村(2000)は、次の例文(102)のように、IOがVPの受け手である場合も「服務的行為」であると考えている。

(102)a. 我给孩子请了三天假。

（木村 2000:32）

　　b. 私は子供の代りに三日間の休暇を願い出てやった。

　　c. *私は子供のために三日間の休暇をとった。(cf.我为了孩子,自己请了三天假。)

本書でいう受益構文は、“给”のIOが「利益・影響」の受け手であるものの、直接的に主語の行為であるVPの参与者ではなく受益者として新たに追加されたものに限定し、物の受け手を追加する授与構文とは区別する。従って、受益構文では、次の例文(103)と例

文(103)'に示すように、“给”とIOを省略しても、主語の行う動作で
あるVPの内容に影響しないのものをいう。

(103)我　　<u>给</u>　她　　好好　　<u>干</u>　　活儿。

　　　私　PREP　彼女　しっかり　する　仕事

　　　私は彼女のためにしっかり働く。

（木村 2012:228）

(103)'我好好<u>干</u>活儿。

　　　　私はしっかり働く。

また、例文(100)と例文(101)のタイプの二重目的語構文は、本書
は受益構文としない。例文(100)と例文(101)では、身体部位であ
るNP$_2$は、IOの譲渡不可能な被所有物であり、その所有者を表すNP$_1$
は動詞句が表す行為の本来の参与者として解釈しなければならな
い。これに対し、次の例文(104)のように、NP$_2$が譲渡可能
(alienable)な被所有物である場合に、NP$_2$は必ずしもIOの被所有物
と解釈されない。DOが「彼」以外に誰かほかの人の食べる「食事」
でもいい。従って、受益構文と認める。

(104)我<u>给</u>他<u>做</u>了饭。

［作例：自然度1.00］

　　a. 私は彼に食事を作った。

　　b. 私は彼の代わりに食事を作った。

(105)我　去　<u>给</u>　朋友　<u>办</u>　事。

（楊 2009:3）

　　　私　行く　～に　友達　する　仕事

　　　私が友達の仕事をしに行く。

例文(105)は楊(2009:3)が「“朋友(友達)”と“事(仕事)”の関係は
譲渡可能ではあるが、具体的事物の授与ではなく、抽象的利益の授
与である」と述べる中国語の受益構文の例である。

「授与」と「受益」の間の二義性と二者択一性は、受益者が事物の

受け手と同様に、構文ごとに選択可能性が決まり、構文に応じて意味役割が慣習的に決まっている、という解釈を裏付ける。例えば、「製作動詞」の"给……V"構文である例文(106)は、トラジェクターの受益の意思の有無と無関係に、二つの別の事象として区別される。例文(106)bでは、食事の受け手が明示されないが、「私」でも「彼」でもない第三者であることが含意される。

(106)我<u>给</u>他<u>做</u>了饭。

[例文(104)を再掲]

  a. 私は彼に食事を作った。

  b. 私は彼の代わりに食事を作った。

つまり、例文(106)aと例文(106)bは、単にさまざまな受益のありかたのうちの二例ではない。例文(106)aはほかに受益者の存在を含意しないが、例文(106)bは、明示されている受益者のほかに、常に事物の受け手を含意している。例文(106)aと例文(106)bに含意される参与者は異なるのである。

従って、受益構文の新たな定義として、本書では、中国語の受益表現は上の例文(103)—(105)に示すように、構文のIOがVP構造の直接の参与者ではなく、しかもIOとDOの間の関係を譲渡不可能な所有関係には限定しない場合のみを受益構文とすることを提案する。

ただし、例文(100)と例文(101)のような身体部位をDOとする他動詞の"给……V"構文でも、"给"の授与対象は、NP₂ではなく、VPで表された行為であると見たほうがよく、この点では受益構文に似ている。また、中国語の受益構文の成立条件は、"给"のIOがVPで表された行為の受け手である、というだけではない。VPは、DO(NP₂)を伴い、また、このNP₂がIOと何らかの関わりをもっていると見なければならない。このような共通点は、受益構文が例文(100)と例文(101)のような構文からの拡張として分析できる可能性を

示唆していると考える。

5.5.2 中国語の受益構文の意味的特徴—構文の条件—

"给……V"構造を用いる受益表現は、しばしば行為や服務の授与であると分析される。しかし、どのような行為や服務でも受益構文に現れうるわけではない。本節では、"给……V"構文が受益構文として成立するための条件について論説を行う。具体的には、VP構造において、VとDOのNP₂がそれぞれどのような特徴をもつのかと、NP₁とNP₂の関連を詳しく分析していく。

5.5.2.1　VPを構成する動詞について

受益者を導くマーカーは、"给"のほかに、"为"や"替"があるが、受益構文で"给"と共起しうる動詞は、"为"や"替"と比べて強い制約がある。木村・楊(2008：78)は「この種の動詞は一般に〈奉仕〉〈服務〉もしくは〈労役〉の意味を読み込むことの容易な動詞に限られる」と指摘する。

しかし、次の例文(107)—(109)に示すように、日本語のa文の受益文が適格であるが、相手への奉仕や服務が目的である場合であっても、中国語の"给"を用いるb文はいずれも非文となる。

(107)a. 彼のために北京へ行ってあげた。

　　　b. *我给他去了北京。

　　　c. 我为他去了北京。

(108)a. 張さんは李さんの代りに飛行機に乗ってあげた。

　　　b. *小张给小李坐飞机。

　　　c. 小张替小李坐飞机。

(109)a. そばに居てあげるよ。

　　　b. *我给你待在身边。

　　　c. 我会待在你的身边的。

　　例文（107）—（109）では、日本語のa文はそれぞれ自動詞の「行く」
「乗る」及び「居る」を使用している。例文（107）では、「北京」は場所
名詞であり、状態変化を実現することが想定しにくい。例文（108）
の「飛行機」や、例文（109）の「そば」も同様である。そのため、動詞
の示す他動性が低いことが窺える。同様に、これらの直訳として
の中国語のb文で用いられる"去""坐"は他動性の低い他動詞であ
り、"待"は自動詞である。

　　中国語の受益表現が成り立つためには、動詞が他動詞でありか
つ他動性が高く要求される。事実、次の受益表現と思われる例
文（110）—（113）は、いずれも他動性の高い構文である。

（110）我　　　给　　她　　好好　　　干　　活儿。
　　　私　　PREP　彼女　しっかり　する　仕事
　　　私は彼女のためにしっかり働く。

［例文（103）を再掲］

（111）老元下乡检查回来，背了一大堆东西，元二嫂高兴地给老元
开门。

［例文（96）を再掲］

　　　元さんが田舎から検査して戻って、たくさんの物を背負っ
　　　てきた。元二姉ちゃんはニコニコしながら、元さんにドア
　　　を開けてあげた。

（112）"姐姐，俺们刚扫了地，还给你擦了讲台子哩。"

（《轮椅上的梦》）

　　　「お姉ちゃん、床を掃除したんだよ。お姉ちゃんの机もふい
　　　たし。」

（113）"看上了就说看上了，哥几个给你保密。"

（《插队的故事》）

　　　「好きなら好きと言えよ。秘密は守るぜ。」

例文(110)―(113)では、すべて目的語の状態変化を引き起こす "干""开""擦"を用いる。例文(113)では、DOの「秘密」は抽象名詞 であり、状態変化を起こさない意味ではあるが、状態変化を起こさ ないような働きかけを行う、という意味では他動性が高いといっ てもいいだろう。

それに対し、先述の例文(107)―(109)では、"去""坐""待"のよう な動詞は他動性が低いため、"给"と共起することができない。こ の場合、例文(107)c―(109)cに示すように、動詞に強く制約をもた ない"为"や"替"を用いることにより、新たな参与者として受益者 を導入することができる。

"给……V"構造において、Vが飲食類及び感覚器官の作用を表す 類のような再帰的意味をもつ動詞の場合は、第5.4節で述べたよう に、構文は全体として授与構文と同様、DO(NP₂)の受け手としてIO (NP₁)を導入することができる。通常はこの解釈が優先され、受益 構文が成立しない。

(114)a.（*受益)/(授与)小张给小李看电视。
　　　 b. *「張さんは李さんのためにテレビを見てやる」の意
　　　 c. 張さんは李さんにテレビを見せる。

(115)a.（*受益)/(授与)他给我听了那首曲子。
　　　 b. *「彼は私のためにあの曲を聴いてくれた」の意
　　　 c. 彼は私にあの曲を聴かせた。

(116)a.（*受益)/(授与)爸爸给妈妈喝了一杯酒。
　　　 b. *「父は母のためにお酒を一杯飲んでやった」の意
　　　 c. 父は母にお酒を一杯飲ませた。

しかし、上記の動詞"看"は、構文によっては次の例文(117)― (119)に示すように、受益構文が成立する。例文(118)では、省略さ れたIOは、"小孙女儿"を育てるべき誰かであることが含意されて いる。

（117）从此，王树理一次次利用饭前饭后的时间给中博看作业。

　　　　　　　　　　　　　　　　　（《人民日报》1995年）

　　あれから、王樹理は毎回ご飯を食べる前後の時間を利用
　　し、中博に宿題をチェックしてあげた。

（118）一退休没几个月就生了小孙女儿，小孙女儿三岁多了。我给
　　看到两岁半。

　　　　　　　　　　　　　　　　（《1982年北京话调查资料》）

　　定年したら何ヶ月もたたずに孫が生まれ、今は三歳ちょっ
　　とだ。私は二歳半まで面倒を見てあげたのさ。

（119）给你看看。

　　a. みせてあげます。

　　b. みてあげます。

　　　　　　　　　　　　　　　　　　　　［例文（97）を再掲］

　例文（117）—（119）では、中国語の"看"は、単に「見る」という意味
だけではなく、すでにメタファーを経て、例文（117）の「チェックす
る」、例文（118）の「面倒を見る」のように、意味が拡張されている。
太田（1956）の例として挙げられている例文（119）bも、単に見るだ
けではなく、見た内容を誰かに伝えるという場合に使う表現であ
る。見る人自身がその視覚情報を得るという段階が排除されると
いう点で、内容を伝えられるのが見る人の場合でも授与構文では
なく、受益構文と見るべきであろう。

　受益構文と授与構文の二義性からも分かるように、「授与」の意
味をもつ動詞句では受益構文が成立しやすい。この場合もDOで
表された移動物の位置変化を含意し、他動性の高い構文であると
言える。

　以上のように、"给……V"構文を用いる受益表現では、VP構造の
成立条件として、Vは他動性を有することが要求されることが分
かる。

5.5.2.2　VPを構成するNP$_2$について

本節では、受益表現のVP構造の成立条件として、DOの特徴を考察する。第5.5.2節の冒頭で述べたように、受益構文ではDO（NP$_2$）がIO（NP$_1$）の領域にあると考える。本節でこれを具体的に検討していく。

まず、本節の多くの受益構文の訳文で「〜かわりに」が多用されていることからも分かるように、NP$_1$自身がトラジェクターとしてVで表された働きかけを行うことが想定しうるものがNP$_2$であれば、この構文のランドマークであるNP$_1$の領域にあると考えられる。Vと同じ働きかけを行うわけではないものでも、「ドアを開ける」場合や「秘密を守る」場合のように、NP$_1$がその状態に関心をもっているようなNP$_2$も、NP$_1$の領域にあると考えられる。しかし、NP$_1$が関わりをもっているNP$_2$でも、NP$_1$の領域とみなされず、受益構文が成立しない場合がある。NP$_2$がトラジェクターの領域にある場合である。この場合は、日本語で成立する受益文が"给……V"構文で成立しない場合の典型に当たる。

（120）a. 我<u>给</u>孩子<u>请</u>了三天假。

　　　　　　　　　　　　　　　　　　　　　　　　［例文（102）を再掲］

　　　b. 私は子供の代りに三日間の休暇を願い出てやった。

　　　c. *「私は子供のために三日間の休暇をとった」の意味では容認不可能（cf.我为了孩子，自己请了三天假。）

例文（120）cの解釈で受益構文が成立しないのは、「三日間の休暇」がトラジェクターの"我"の領域内にあるからであると考えられる。NP$_1$で表されたランドマークの領域は、トラジェクターの領域の外にあり、両者の間に重なりがないと考えられる。

飲食・知覚といった再帰的事象では、対象がトラジェクター側の領域に留まる限りは、受益構文で現れることはできない。前述の例文（114）—（116）の受益構文が成立しないのはこのためである

と考える。「食べられない物をかわりに食べてやる」あるいは「話を聞いてやる」というような、移動の起点がランドマークの領域であると想定されるような場合でも、終点がトラジェクターの領域にあるので受益構文が成立しない。

逆に、トラジェクターの領域の外へのNP₂の位置変化が含意される授与構文は、この点でも"给……V"構文で受益構文が成立しやすい条件を満たしている。この場合、NP₂の位置変化の起点もランドマークの領域、つまりトラジェクターの領域外という含意があるため、物理的にはトラジェクターを起点とする場合でも、「服務」としての授与、つまりトラジェクターの裁量の及ばない対象物に対する移動操作というニュアンスが出やすい。そして、NP₂の位置変化の終点は、ランドマークの領域とトラジェクターの領域の両方の外側となり、トラジェクターでも受益者NP₁でもない第三者の存在が含意される。

（121）我给老师寄了五本书。

[例文(15)を再掲]

　　　　私は先生の代わりに（誰かに）本を五冊送ってあげた。

従って、"给……V"構造を使用する受益表現のVPでは、DO(NP₂)が、受け手であるIO(NP₁)の領域にあり、トラジェクターの領域にあってはならないという制約があると思われる。

5.5.3　特殊な受益構文

前述のように、"给……V"形式を用いる受益表現では、VP[V＋DO(NP₂)]の成立条件として、Vは高い他動性をもたなければならないことと、DO(NP₂)はIO(NP₁)の領域にありトラジェクターの領域にあってはならないという制約が見られる。

しかし、上記で述べた制約がまったく適用されない特殊な"给……V"形式をとる受益構文がある。それは、命令文のみで現

れる"给我"を含む構文である。

（107）'a. 你（给我）去北京！

[作例：自然度 1.00]

北京に行ってくれ。

　　　b. 你别（给我）去北京！

[作例：自然度 1.00]

北京に行かないでくれ。

（108）'a. 你（给我）坐飞机！

[作例：自然度 1.00]

飛行機に乗ってくれ。

　　　b. 你别（给我）坐飞机！

[作例：自然度 1.00]

飛行機に乗らないでくれ。

（109）'a. 你（给我）待在身边！

[作例：自然度 1.00]

そばに居てくれ。

　　　b. 你别（给我）待在身边！

[作例：自然度 1.00]

そばに居ないでくれ。

（114）'a. 你（给我）看电视！

[作例：自然度 1.00]

テレビを見てくれ。

　　　b. 你别（给我）看电视！

[作例：自然度 1.00]

テレビを見ないでくれ。

（115）'a. 你（给我）听那首曲子！

[作例：自然度 1.00]

あの曲を聞いてくれ。

　　b. 你别(给我)听那首曲子!

[作例:自然度 1.00]

　　あの曲を聞かないでくれ。

(116)'a. 你(给我)喝这杯酒!

[作例:自然度 1.00]

　　このお酒を飲んでくれ。

　　b. 你别(给我)喝这杯酒!

[作例:自然度 1.00]

　　このお酒を飲まないでくれ。

　　上の例文(107)'a—(109)'a 及び例文(114)'a—(116)'a に示すように、受益構文としては非適格な用例であっても、"给我"を含む命令文では構文の許容度が上がる。"别"が加わる「禁止」の意味を示す b 文でも同様である。

　　この"给我"は、一見、日本語で話し手を受益者とする「〜してくれ」に似ている。しかし、中国語の"给我"は、「〜してくれ」のような依頼のニュアンスもある①ものの、この場合はむしろ、命令文・禁止文単独で明示できる話し手の「強い要求」をより強調するために加えることが多い。このような命令文が通常の受益構文と共通にもっている特徴は、"给我"が構文の必須項ではない、という点だ

---

① 例文(114)'a—(116)'a は受益表現としての解釈はできないが、「授与」の意味を表すことができる。そのため、例文(114)'a—(116)'a はもう一つの「テレビを見せてくれ」「あの曲を聞かせてくれ」「このお酒を飲ませてくれ」という依頼の意味も表せる。"别"が追加されると、(114)'b—(116)'b の表すような意味のほかに、もう一つの「テレビを見せないでくれ」「あの曲を聞かせてないでくれ」「このお酒を飲ませないでくれ」という依頼となる。

けである。①

5.5.4　"为"や"替"との比較

　中国語の受益表現には、"给"のほかに、"为"や"替"を用いるもの
がある。"给""为""替"の異同に関しては、張(2012)が意味論と語用
論の観点から詳しい調査を行った。張(2012:33-35)によると、意
味的には、"给"が「渡す相手」を導く、「利益の受け手」を導く、「損害
の受け手」を導く、「给我＋動詞」で命令文を形成、「動作に関係する
事物」を導く、「動作主」を導くという六つの用法がある。"为"は「利

---

① 本書で、これまで論じなかったもう一種の"给……V"構文がある。それは次の
　例文aと例文bのような相手に対してお礼をする意味を示す構文である。
　a. 剑云也向他请了安,接着他又进去给众人行了礼。

　　　　　　　　　　　　　　　　　　　　　　　　　　　(《家》)

　　剑雲も跪坐の礼をしてから堂屋へはいって行って、みんなに拝礼する。
　b. 对了,我对她讲过,我小时候常常给大人磕头。

　　　　　　　　　　　　　　　　　　　　　　　　　(《人啊,人》)

　　そうだ、おれは娘に、パパが子どものころはよく大人に叩頭の礼をしたもの
　　だと話したことがあった。

　　このタイプの構文では、物の位置変化も受益も観察されない。よく似た構造
　をもつVPには、ほかに"打招呼(挨拶する)""鞠躬(お辞儀をする)""请安(拝礼
　する)""作揖(拱手の礼をする)"のようなものがあり、二人の間の意思伝達を含
　意するものの、NP₂が意思自体とは直接関係のなさそうな事物を表す名詞の場
　合である。これらは、これらの意思自体をDOとする代わりに、この意思に隣接
　する行為(身振りの動作)などをメトニミーによりDOをとる動詞句の形で置い
　た、メタファーとしての授与構文であると考える。DOの位置を占める事物は、
　トラジェクターの働きかけの対象として認知的な際立ちをもつことができな
　いため、受け手のみをランドマークとして際立たせる"给……V"構文がふさわ
　しい。このようなメタファーでも他動詞が選択される、という点は、"给"の構
　文スキーマを維持するためであると見ることができる。

益の受け手」を導く、「関心を持つ対象」を導く、「動作発生の原因」を導く、「動作発生の目的」を導く、「奉仕する対象」を導く、「動作主」を導くという六つの用法をもつ。そして、"替"は「代替の対象」を導く、「利益の受け手」を導く、「関心を持つ対象」を導く、「結果の受け手」を導くという四つの用法をもつと指摘する。また、語用的には、"给"と"替"は話し言葉において用いられるが、"为"は書き言葉において多く使用されている。使用頻度の差異に関して、"为"は"给"に及ばないが、"替"より多い。モダリティの違いについて、"给"は命令文として用いられるが、"为"と"替"は一般的には用いられない。

　本書でいう受益構文に関して、張(2012)は「利益の受け手」及び「損害の受け手」を導く用法とする。特に「利益の受け手」を導く用法に関しては、張(2012)は"给""为""替"の間では、相違点があまり見られないと結論づけている。しかし、前節で述べたように、受益構文の"给"は、構文の制約がある点で、"为""替"と異なっている。また、「反復の制約」により、異なる機能をもつ"给"が共起できないことにより、"给"と"为""替"の間で意味の違いが生じる場合がある。

（122）a. 我给小李当翻译。

[作例：自然度1.00]

　　　私は李さんに通訳をしてやった。

　　　（私は李さんの代りに通訳をしてやった。）

　　b. *我给小李给小张当翻译。

　　　「私は李さんの代りに張さんに通訳をしてやった」の意

（123）a. 我替小李当翻译。

[作例：自然度1.00]

　　　私は李さんの代りに通訳をしてやった。

　　b. 我替小李给小张当翻译。

　　　　私は李さんの代りに張さんに通訳をしてやった。

（124）a. 我为小李当翻译。

［作例：自然度1.00］

　　　　私は李さんのために通訳をしてやった。

　　b. 我为小李给小张当翻译。

　　　　私は李さんのために張さんに通訳をしてやった。

　例文（122）a—（124）aは、それぞれ"給""替""为"を使用する構文であるが、直後の"小李"は一見するとすべて利益の受け手に見える。しかし、"給"を用いる（122）aでは、"小李"はむしろ、動詞句"当翻译"の前置IOであると見るべきであり、通訳された内容の受け手であると解釈される。また、"給"に導かれるIOの"小李"は、「通訳業務の依頼者」としても理解できる。

　これに対し、例文（123）aでは、"替"に導かれる受益者が、通訳の内容を伝えたい側であり、通訳された内容の受け手と異なる。実は、例文（123）aはさらに"給"を加え、例文（123）bのように、実際の通訳を受ける人を顕在化させることもできる。ところが、例文（122）aは、「反復の制約」のため、例文（122）bに示すように、IOにさらに"給"を付加することが容認されない。

　一方、"为"を使う例文（124）aでは、利益の受け手の解釈は、例文（122）aのような通訳内容の受け手としても、例文（123）aのような、主語の代行による利益の受け手としても解釈することができる。しかし、例文（124）bのような、IOが"給"を用いて顕在化されている場合に、通訳された内容の受け手である"小张"は"給"で導かれるが、"为"で導かれる"小李"は、通訳内容の受け手として不可能となる。

　このことから、"給""替""为"は利益の受け手を導く用法があると言っても、それぞれ利益の受け手としての解釈が異なることが分かる。本動詞の"給"から拡張した"給……V"構文をとる受益表

現では、VPで表された通訳内容の受け手と通訳業務の依頼者のいずれかにIOとして認知的な際立ちが与えられている。“替”を用いる構文は、“替”の直後に現れる受益者が主語と同じ立場となり、主語の代行により、利益を受け取る者となる。また、“为”を使用する構文はその両方の解釈が可能となる。

利益の受け手と通訳内容の受け手が共に参与者として構文に明示されると、“给……给”構文は不適格となるが、“替……给”構文と“为……给”構文が成り立つことが分かる。

5.5.5　まとめ

第5.5節では、“给……V”構文の受益用法について分析した。このタイプの構文ではIOの表す受益者が、DOで表された対象ではなく、Vで表された動作行為の結果を受け取る構文である。このような受益表現に以下のように新たに定義を試みた。

①中国語の受益構文は、VPの目的語で表された対象ではなくVPで表された行為の受益者を新たに参与者とし、これをIO(NP_1)としてプロファイルする構文である。

②成立条件として、Vは他動性のある他動詞でなければならず、しかもDO(NP_2)は、IO(NP_1)の領域にあり、トラジェクター(S)の領域にあってはならない。

これらの制約は、中国語の受益構文がなぜ二重目的語構文でなければならないのかを説明する。この構文は、トラジェクターが自らの領域の外にあるIOに近接する領域の対象物に働きかけを行い、この対象物を変化させることによってIOに利益を授与する、という意味構造をもっており、身体部位を対象とする他動詞の“给……V”構文と近接した関係にあると言える。

ただし、“给我”を含む命令文は、特殊な受益構文として、この制約が観察できず、単に“给”のIOが“我”であり、授与されるのは何ら

かの行為（VP）であることのみを条件として成立する。

　さらに、受益表現の"给"を、同様な受益表現のマーカーとされる"替"や"为"と比較した。"给""替""为"は利益の受け手を導く用法をもつが、それぞれ利益の受け手としての解釈が異なる。"给"で導かれた受益者はIOであり、構文に応じ、受益者か、物の受け手かのいずれかとなる。"替"の直後に現れる受益者は主語の代行により、利益を受け取る者となる。また、"为"は受益者と物の受け手の両方の解釈が可能である。しかし、受益者と物の受け手の両方が顕在される場合に、"给"に導かれるIOが物の受け手、"替"と"为"に導かれたのは受益者でなければならない。IOが受益者となる場合に、物の受け手は存在が含意される場合も背景化する。

5.6　おわりに

　以上では、"给……V"構文を二重目的語構文とみなし、"给"を用いない他の構文とどのような意味的な関係が見られるかを分析することにより、Vに応じた下位分類を試みた。"给……V"構文をとることによる構文拡張は、次の二種類に大別できる。

　　①構文の参与者は同じであるが、"给"を用いる場合には"给"に後続するIOがランドマークとしての認知的な際立ちを与えられ、IOとなる。

　　②構文の参与者が新たに追加され、この参与者がIOとなる。

　このうち、②はさらに、本来の参与者の一つが背景化され、存在は含意されるが、表示されなくなるものとそうでないものとに分けられる。

　①に当たるのは、第5.2節で取り上げた朱（1979）の「"寄""写"類動詞」[①]、第5.3節で取り上げた「使役移動動詞」である。

---

① "寄类「差し出す」類"と"写类「書く」類"の動詞の略称である。

　（125）a. 小李写了一封信。

　　　　　　李さんは手紙を一通書いた。

　　　　b. 小李给小张写了一封信。

　　　　　　　　　　　　　　　　　　　　　　［作例：自然度 1.00］

　　　　　李さんは張さんに手紙を一通書いた。

　（126）a. 张三涂了漆。

　　　　　　　　　　　　　　　　　　　　　　［作例：自然度 1.00］

　　　　　張三はペンキを塗った。

　　　　b. 张三给墙涂了漆。

　　　　　　　　　　　　　　　　　　　　（岸本　2011：33）

　　　　　張三は壁にペンキを塗った。

　「"寄""写"類動詞」と「使役移動動詞」を図式化すると、次の図 5-1
のようになる。

「"寄""写"類動詞」構文　　　　　　　　　　　　　"给……V"構文

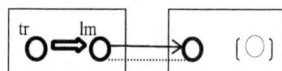　　　　　　　　　　　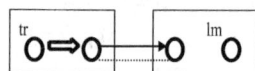

「使役移動動詞」構文　　　　　　　　　　　　　"给……V"構文

　　　　　　　　　　　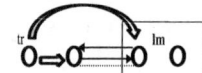

図 5-1

　「"寄""写"類動詞」構文では、動詞単独では背景化されている授
与の受け手が、"给……V"構文ではランドマークとして動詞に前
置され、構文に現れることができる。「使役移動動詞」構文でも、動
詞単独では背景化されている移動の終点（あるいは起点）が、
"给……V"構文ではランドマークとして構文に明示されることが
できる。

　いずれも、移動物と移動の結果として状態が変化する人あるい

は場所とのどちらへの働きかけに焦点を当てるかによる選択であると見ることができる。

(127)a. 我寄了一封信。

[作例：自然度1.00]

私は手紙を一通送った。

b. 我给他寄了一封信。

[作例：自然度1.00]

私は彼に手紙を一通送った。

(128)a. 我涂漆。

[作例：自然度1.00]

私はペンキを塗る。

b. 我给墙涂漆。

[作例：自然度1.00]

私は壁にペンキを塗る。

「使役移動動詞」は、"踢(蹴る)"のように、「動作動詞」から拡張して「使役移動動詞」構文をとり、(終点が人の)授与構文として"V给"構文のみに現れるパターンと、"涂漆(ペンキを塗る)"のように"给……V"構文のみに現れるパターンに分けられる。

(129)a. 张三踢给李四一个球。

[作例：自然度1.00]

b. *张三给李四踢了一个球。

張三は李四にボールを一つ蹴った。

(130)a. *张三涂给墙漆。

（岸本 2011：33）

b. 张三给墙涂了漆。

張三は壁にペンキを塗った。

いずれのタイプでも、移動物のみをランドマークとする場合には、場所が介詞句の"在"で表される構文をとる。後者のタイプの

動詞では、場所の全面的な変化に認知的な際立ちを与える場合に
は、"把"を用い、移動物が背景化されることとなる。"给……V"構
文をとる場合には、場所の側により大きな際立ちがあり、移動物の
特定度は低い。

（131）a. 张三<u>在操场上</u><u>踢</u>了球。

　　　　　　　　　　　　　　　　　［作例：自然度1.00］

　　　張三は運動場でボールを蹴った。

　　b. 张三<u>在墙上</u><u>涂</u>了漆。

　　　　　　　　　　　　　　　　　（岸本 2011：33）

　　　張三は壁にペンキを塗った。

（132）a. 张三<u>把墙</u><u>涂成红色</u>。

　　　　　　　　　　　　　　　　　［作例：自然度1.00］

　　　張三は壁を赤く塗った。

　　b. *张三<u>把墙</u><u>涂</u>了漆。

（133）张三<u>给墙</u><u>涂</u>了漆。

　　　　　　　　　　　　　　　　　（岸本 2011：33）

　　　張三は壁に<u>ペンキ</u>を塗った。

　②は、"给……V"形式をとる授与構文と受益構文を含む。追加
される参与者は前者では移動物の受け手であり、後者では受益者
である。

　前者は、単独で移動物の受け手を参与者としない動詞である。
例えば、「取得動詞」のように「移動物の起点」を参与者として含意
する場合があるが、"给……V"構文では「移動物の起点」が背景化
される。

（134）a. 他<u>偷</u>了小张一支笔。

　　　　　　　　　　　　　　　　　［作例：自然度1.00］

　　　彼は張さんからペンを一本<u>盗</u>んだ。

b. 他<u>给</u>小李<u>偷</u>了一支笔。

[作例：自然度1.00]

彼は李さんにペンを一本盗んだ。

c. *他<u>给</u>小李<u>偷</u>了小张一支笔。

「取得動詞」を図式化すると、次の図5-2のようになる。

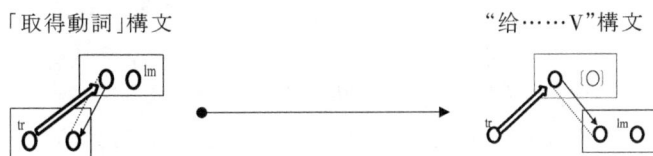

「取得動詞」構文   "给……V"構文

図5-2

「取得動詞」構文では、「移動物の起点」がランドマークとして認知的な際立ちがあるが、"给"が前置されることによって、"给……V"構文を構成し、もともとランドマークの「移動物の起点」が背景化され、構文に現れることができない。移動物の受け手が新しく追加され、"给……V"構文のランドマークとなる。

　このような意味的特徴は「動作動詞」と「製作動詞」にも見られる。どちらも"给……V"構文において、状態変化した事物の移動を含めた拡張では移動物の受け手を追加する。

（135）张三<u>给</u>李四<u>烤肉</u>。

[作例：自然度1.00]

　　張三は李四にお肉を焼く。

（136）我<u>给</u>他<u>做饭</u>。

[作例：自然度1.00]

　　私は彼に食事を作る。

「動作動詞」と「製作動詞」を図式化すると、次の図5-3のようになる。

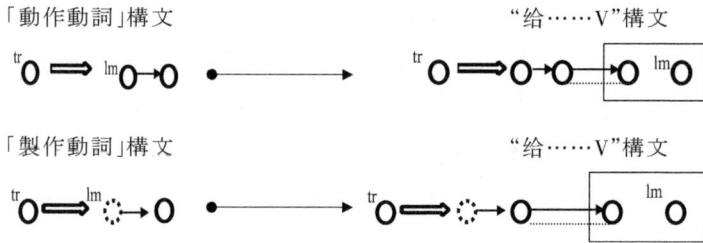

図 5-3

　「動作動詞」も「製作動詞」も、動詞単独で構成された構文が、移動物の受け手を事象の参与者とはしない構文である。"給"が加わることによって、"給……V"構文を構成し、移動物の受け手が新たに追加され、ランドマークとして認知的な際立ちを与えられ、構文の参与者となる。

　これに対し、他動詞の中には、動詞が単独ではDOで表された事物へのトラジェクターの働きかけの様態を必ずしも含意しないものがある。この場合、結果としてトラジェクターの領域に移動した物やここで(状態・位置)変化したものがDOとなる。

　第5.4節で論じた「飲食類」は、最終的に事物がトラジェクターの体内に帰着するという変化がある、ということが中核的であり、どのような働きかけが行われるかを指定しない。

　(137)母亲吃清淡饮食。

[例文(95)aを再掲]

　　　母親があっさりとした食事を食べる。

　「感覚器官の作用を表す類」も、事物自体は移動せず、この事物に関する情報をトラジェクターが得る、という結果を伴う事象である。

　(138)孩子看了比赛。

[作例:自然度1.00]

　　　子供は試合を見た。

　トラジェクターが事物に働きかける場合でも、第5.4節で論じた

再帰的用法、つまりトラジェクター自身の身体が事物の位置変化
の起点や終点(「着脱類」)あるいは状態変化する事物である場合
は、事物自体とそれに対する働きかけより、結果としてのトラジェ
クター自身の状態変化に認知的な際立ちがある。

(139)弟弟<u>穿</u>上了毛衣。

［作例:自然度 1.00］

弟はセーターを着た。

(140)小张<u>擦</u>眼睛。

［作例:自然度 1.00］

張さんは目を拭く。

第5.4節で扱った「脱再帰の"给……V"構文」では、事物自体の受
け手ではなく、状態変化を起こしたり情報の受け手となったりす
るトラジェクターとは異なる参与者が追加されることになる。

(141)a. 母亲<u>吃</u>清淡饮食。

［例文(95)aを再掲］

母親があっさりとした食事を食べる。

b. 我<u>给</u>母亲<u>吃</u>清淡饮食。

(《梁冬对话罗大伦》)

私は母親にあっさりとした食事を食べさせる。

(142)a. 孩子<u>看</u>了比赛。

［例文(138)を再掲］

子供は試合を見た。

b. 我<u>给</u>孩子<u>看</u>了比赛。

［作例:自然度 1.00］

私は子供に試合を見せた。

(143)a. 弟弟<u>穿</u>上了毛衣。

［例文(139)を再掲］

弟はセーターを着た。

    b. 她<u>给</u>弟弟<u>穿</u>上了毛衣。

〔作例：自然度1.00〕

    彼女は弟にセーターを着せた。

（144）a. 小张<u>擦</u>眼睛。

〔例文（140）を再掲〕

    張さんは目を拭く。

    b. 小李<u>给</u>小张<u>擦</u>眼睛。

〔作例：自然度1.00〕

    李さんは張さんに目を拭いてやった。

「飲食・感覚類動詞」[①]「着脱類動詞」「身体部位を対象とする動詞」をそれぞれ図式化すると、次の図5-4のようになる。

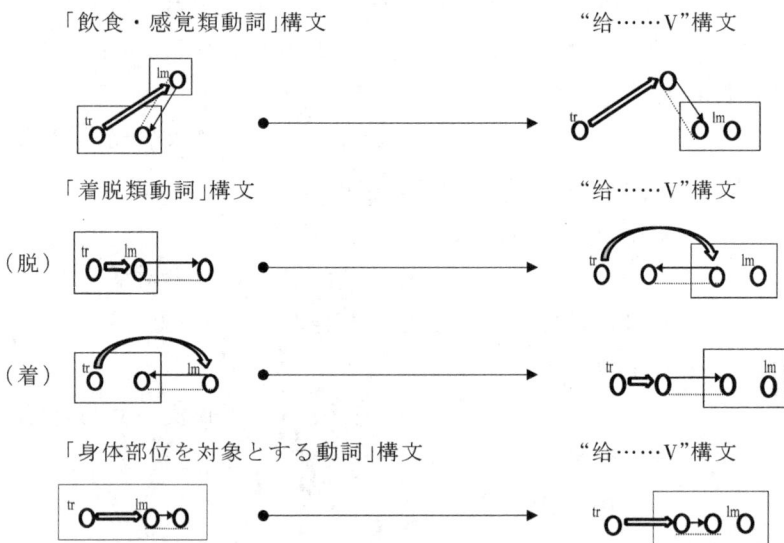

図5-4

これらの、「動作」自体より、「動作の結果」を重視する動詞が

---

① 飲食類と感覚器官の作用を表す類の動詞の略称である。

"给……V"構文で現れる場合に、"给"を追加するのは、この結果を得るトラジェクター以外の人物である。いずれも、事物よりは、"给"が導入するIOにランドマークとしての際立ちのある構文となる。

　もう一つの拡張は、追加される参与者が受益者の構文である。この場合は、具体物が移動しない場合と、移動する場合がある。具体物が移動しない場合は、トラジェクターの行為の対象が、ランドマークである受益者の領域のものである。

　（145）我给他开门。

[作例：自然度1.00]

　　　　私は彼にドアを開けてあげた。

　このタイプの構文を図式化すると、次の図5-5のようになる。

図5-5

　具体物が移動する場合は、「"卖"類動詞」構文のように動詞単独では移動物の受け手を参与者とするものを含むが、この場合、受益者が追加されると、移動物の受け手は背景化され、存在のみが含意される。

　（146）a. 他卖了我一个苹果。

[作例：自然度1.00]

　　　　彼は私にリンゴを一個売った。

　　　b. 他给小李卖了一个苹果。

[作例：自然度1.00]

　　　　彼は李さんの代わりにリンゴを一個売ってあげた。

　　　c. *他给小李卖了我一个苹果。

　このタイプの構文は図式化すると、次の図5-6のようになる。

「"卖"類動詞」構文　　　　　　　"給……V"構文

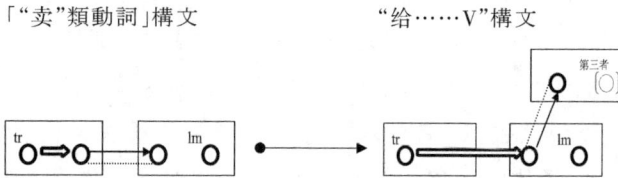

図 5-6

　　また、「"寄""写"類動詞」構文のように、移動物の受け手が含意さ
れるが、"給……V"構文にのみ現れることができるような場合に
は、受益者が追加されると、新たに出現した移動物の受け手が再び
背景化され、存在が含意されるのみで、構文に現れることができ
ない。

（147）a. 我寄了五本书。

［作例：自然度 1.00］

　　　　私は本を五冊送った。

　　b. 我给老师寄了五本书。

［例文（15）を再掲］

　　　　私は先生のかわりに本を五冊送ってあげた。

　　c. *我给老师寄了五本书给小李。

このタイプの構文を図式化すると、次の図 5-7 のようになる。

「"寄""写"類動詞」構文　　　　　　　　　　　　"給……V"構文

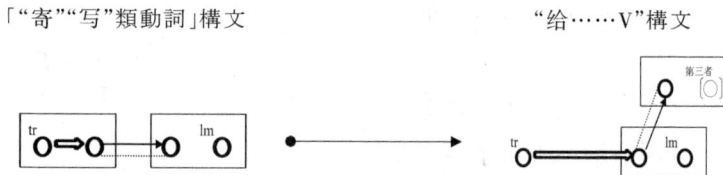

図 5-7

　　「"卖"類動詞」構文は、移動物の受け手をランドマークとして認
知的な際立ちが与えられるが、"給"と合成することで、"給……V"構
文となり、新たに追加された受益者をランドマークとする。一方、

動詞単独では移動物をランドマークとする「“寄”“写”類動詞」構文は、“给……V”構文となると、移動物の受け手をランドマークとする構文が、「“卖”類動詞」構文と同様に、新しく加わった受益者をランドマークとする構文の二義性が生じる。

　「取得動詞」と「製作動詞」の“给……V”構文で次の例文（148）aと例文（149）aに示すように、移動物の受け手を追加できる動詞でも、例文（148）bと例文（149）bに示すように、“给……V”構文でさらに受益者を追加して移動物の受け手を背景化する構文との二義性が生じる。

（148）我给妹妹买了一辆车。

[例文（18）を再掲]

　　a. 私は妹に車を一台買った。

　　b. 私は妹の代りに車を一台買ってやった。

（149）我给他做饭。

[例文（136）を再掲]

　　a. 私は彼に食事を作る。

　　b. 私は彼の代わりに食事を作ってやる。

このタイプの構文を図式化すると、次の図5-8のようになる。

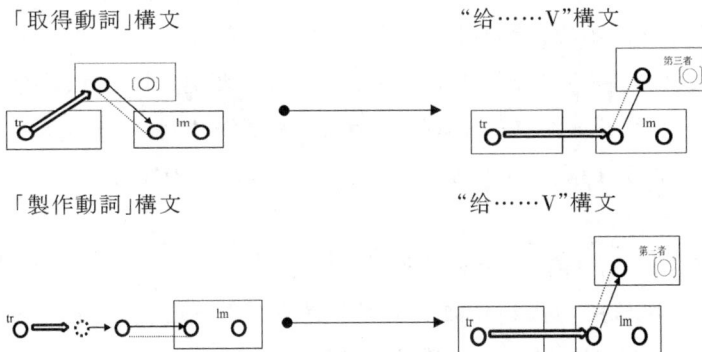

図5-8

　具体物が移動する受益構文では、どの場合でも移動物の受け手は背景化されるが、移動物の受け手が存在し、かつ「トラジェクターとランドマーク以外の第三者でなければならない」という含意は維持される。

　以上のように、移動物の受け手を追加する構文でも、受益者を追加する構文でも、VはDOをとる他動詞であるが、"给……V"構文がどちらの参与者を追加するかは動詞の種類によって少しずつ異なる。

　②に関しては、また"给"が「行為の結果の受け手」を追加する、と見ることもできる。事物の獲得があるVでは「移動物」、身体の状態変化があるVでは「状態変化」、知覚するVでは「情報」、利益を生じる構文では「受益」、というように、構文ごとにそれぞれの「行為の結果」を得る、と考えるわけである。共通点は、"给……V"構文では「行為者」と「行為の結果の受け手」が異なる、という点である。このような「行為の授与」という見方は、特に、受益構文を中心に、やはり「行為者」と異なる「行為の結果の受け手」を導入する、"替"が"给"と置き換え可能な場合に特に有効である。

（150）我{给/替}弟弟买了苹果。

[作例：自然度1.00]

　　　私は弟の代わりにリンゴを買ってやった。

　しかし、"替"を"给"で置き換えられない場合、例えば、事物の受け手がトラジェクターである（「代わりに買っておく」「代わりに食べる」）ような構文があることは、「行為の結果の授与」ではうまく説明できない。

（151）我{替/*给}弟弟买了苹果。

　　　私は弟の代わりにリンゴを買ってやった。

（152）爸爸{替/*给}妈妈喝了一杯酒。

　　　父は母の代わりにお酒を一杯飲んであげた。

　移動物の受け手が背景化されなければ受益者が導入できない、というような制約を説明するためには、"给……V"構文が本動詞"给"の構文スキーマを引き継いだ二重目的語構文であり、トラジェクター以外の参与者は二つに限られる、という分析が必要になる。"给……V"構文では受益者も構文に応じてIOとしての選択の可否が決まる参与者であり、"给"は"替"や"为"のような介詞と異なるのである。

　（153）小张{为/*给}小宝宝辞去了工作。

　　　　　張さんは赤ちゃんのために仕事を辞めた。

　"给……V"の構造を用いた表現には、以上のほかに、受動の意味を示す構文がある。木村（2012）は、中国語の受動表現は受益表現から拡張した構文であると指摘するが、以上で述べたように、"给"を用いた受益文が動詞により選択の可否が決まる構文であるとすれば、受動表現への拡張にもこのような動詞に応じた制限がなければならないはずである。本書では、受動表現が二重目的語構文ではなく、"给……V"構文である、という立場で、次の第6章で詳しく分析する。

6 "给……V"構文の受動用法

6.1 はじめに

本章では"給……V"形式を用いる受動表現について考察する。受動表現は、一般的には以下のような語順をもつ構文である。

（1）NP₁　給　（NP₂）　VP

　　小王　给　（小李）打了。

[作例：自然度1.00]

　　王さんは（李さんに）殴られた。

受動表現における"給"がVに前置される点は第5章で言及した"給……V"形式の二重目的語構文に似ている。"給"に後続する名詞句のNP₂に関しては、第5章で述べた受益表現で"給"の直後の受益者が省略されても構文の適格性に影響しないのと同様に、受動構文でも"給"の直後のNP₂も省略可能である。ただし、受益表現の場合は特定の受益者が構文に現れなくても、前後の文脈で明示されていなければならない。それに対し、受動表現の場合はNP₂が特定される必要はなく、しばしば背景化され、"給"に直接動詞が接続する形式をとる。

本章では、VPを結果補語として"給"の構文スキーマに組み込む分析を考える。

（2）"給"の構文スキーマの受動表現への実現

"給"のS：（背景化されて非実現）

"給"のIO：（背景化されて非実現）

"給"のDO：NP₁（＝VのDO）

"給"の補語：（NP₂）VP

意味フレーム：NP₁が、（NP₂）VPで表示された「状態変化を引き起こす働きかけ」によって変化する。

中国語の動作の対象が主語の位置に前景化され、動作者が背景化されるというのは、多くの言語の受動表現に共通して観察され

る現象である。本動詞としての"给"でも、第2章で述べた以下の
ような例文で、同様のDOの前景化と、背景化されたSとIOの非実現
が観察される。

(3)这个问题真令人头痛。稿费给少了,没人写;想多给,又拿不出
那么多。

(《人民日报》1995年)

この問題は本当にうんざりする。原稿料が少なかったら、書
く人がいない、たくさん払いたいが、そんな多額のお金を出
せない。

本章はまず、このような構文スキーマに従う受動表現の成立条
件について記述を行う(第6.2節)。次に、"给"の役割を論じる(第
6.3節)。その後、"把……给"構文及び"被……给"構文を分析し、こ
のような構文も"给"の構文スキーマの実現が含意されることを示
す(第6.4節)。最後に、"给……V"形式を用いる受動表現の拡張の
プロセスを明らかにする(第6.5節)。

6.2　受動表現の成立条件

第6.1節の例文(2)で述べた「状態変化を引き起こす働きかけ」と
は、中国語の受動構文一般について、構文論上の条件として、結果
補語を動詞に伴うVR構造を強く要求する、という木村・楊(2008)
の指摘に対応するものである。

木村・楊(2008:70)によると、VR構造とは「動詞と結果補語が構
成する構造であり、動作行為の表すVと、動作行為が対象にもたら
す結果的状況を表す非対格動詞(または形容詞)とが結び付いた一
種の複合的な動詞句構造」であると概括されている。

コーパスでの受動構文の用例では、木村・楊(2008)の主張する
R(Result)の結果的状況は、結果補語に限らず、さまざまな構造で
現れる。例えば、次の例文(4)と例文(5)に示すように、結果補語を

伴わず、Vにアスペクトの"了"及び"着"が後続するパターンも
ある。

（4）"我是老百姓,房子都给烧<u>了</u>,还不许家来看看吗?"

(《烈火金刚》)

「私は一般の庶民だ、部屋が焼かれているのに、家に戻って見
てみてもだめなの?」

（5）她给一个无形的锁链锁<u>着</u>,而他们像鸟一样自由。

(《穗子物语》)

彼女は無形の鎖がかけられているのに、彼らは鳥のように自
由だった。

では、"给……V"構造を用いる受動表現では、どのようなR構造
が存在するのであろうか。本節ではまず、この問題を含め、受動表
現のVPの構文的特徴を明らかにする。

上述のように、受動構文ではVPの主語であるNP₂の出現が任意
であるという事実は、"给"の役割を"'给'引进动作的施事主体
（'给'は動作行為を行う主体を導くこと）"（袁 1997:145）とするよ
うな分析にとって、問題がはらんでいる。例えば、木村・楊（2008）
は、中国語の受動表現の出現を、受益表現に結び付ける分析を行っ
ている。この分析では、受動表現の"给"の後に位置する動作者を、
主語である対象の状態変化の「誘発者」であるとみなし、受益表現
の中で"给"の後に位置する受益者を、やはり主語が行う行為の「誘
発者」と考えることにより、両者の間に構文の拡張が見られると
する。

しかし、受益構文では、主語のSがVPの動作者であるのに対し、
"给……V"形式を用いる受動表現では、受動文の主語として"给"
の前に位置するNP₁は動詞句VPの対象である。また、構文の面で
も、受益表現では、Vの直前にVPの主語が現れてはいけないのに対
し、受動表現では、VPの主語であるNP₂の出現が任意である。ま

た、受益表現では、VPが文末に必須項として目的語をもたなけれ
ばならないが、受動表現では、VPの後置目的語が原則として現れ
ない、という違いもある。

　そこで、本書は"给……V"形式を用いる受動表現の主語NP₁がVP
との間で満たしていなければならない構文上の条件について、他
の受動表現と比較しながら論じていく。

6.2.1　VR構造

　木村・楊(2008:70)は、VR構造について、次の例文(6)を挙げて
いる。Vの"撵(追う)"が動作行為を表し、結果補語の"走(失わせ
る)"がこの動作行為が対象にもたらす結果的状況を表している。

(6)a.　狗　被　　小红　　　　撵走了。
　　　犬　AM　シャオホン　追う－失わせる－PERF
　　　[犬はシャオホンに追い払われた。]

　b. * 狗　被　　小红　　　　撵了。
　　　犬　AM　シャオホン　　追う－PERF
　　　[犬はシャオホンに追われた。]

（木村・楊　2008:70）

　同様に、コーパスに現れる"给……V"構造の受動用法でも、次の
例文(7)―(9)に示すように、動詞の直後に結果補語を伴うことが
ある。

(7)我是从长城外边逃荒,来投奔我哥哥的;哪想到,头半个月他在
　　火车站上扛大个儿,给轧死了。

（《金光大道》）

　おれは長城の向うから、兄貴を頼って逃げて来たんだが、半
月ほどで、兄貴は停車場で荷役ばしていて轢き殺されちゃ
まった。

(8)周永振笑呵呵地说:"刚才我见那骑车的给撞倒了,以为他奔过去要打架呢,嘻嘻!"

(《金光大道》)

周永振が面白がっている。「さっきの、自転車に乗る人、ぶつかられて倒されて、てっきりぶんなぐりに行ったと思ったのによ。ヘッヘッヘ。」

(9)他告诉我,当年天云山特区党委的材料,一部分在1959年撤销建制时运走了,还有一部分存在这里,也在"文化大革命"中给烧光了,现在哪能找到什么当年的规划书?

(《天云山传奇》)

こう言うの——昔の天雲山特別区党委員会の資料は、一部分は1959年に特別区取消しの際に持ち去られた、一部分は当地に残されたが、これは「文化大革命」の時にすっかり焼き捨てられてしまった、昔の計画書なんぞ今ごろどこへ行って探せというのかね。

上記の例文(7)であれば、動詞"轧(轢く)"の後に"死(死ぬ)"という結果補語が現れている。例文(8)では、動詞"撞(ぶつかる)"の後に"倒(倒れる)"という結果補語が後続する。例文(9)では、動詞"烧(焼く)"の後に結果補語の"光(なくなる)"が続くことが分かる。例文(7)—(9)の構造はまさに木村・楊(2008)の言及する「動詞＋結果補語」というVR構造である。

受動表現のR構造は、また次の例文(10)に示すように、主語の状態の程度を表す状態補語の場合にも可能である。

(10)中午,汽车在一个小茶馆门前停住了。这里说是茶馆,其实只有用土坯垒起的三面土墙,因为常年烟熏火燎,墙壁和席箔盖成的屋顶都给弄得黑漆漆的。

(《轮椅上的梦》)

昼ごろ、トラックは小さな茶店の前に止まった。茶店と言っ

ても、日干しレンガを積み上げた壁で三方をかこって、草を編んだ屋根を架けただけ。かまどの煙で、壁も天井も真っ黒にいぶされている。

さらに、動作による対象への結果的影響は、上述の「状態補語」だけでなく、次の例文(11)や例文(12)が示す「趣向補語」でも伝えることができる場合がある。いずれも、空間的な変化ではなく、時間的な変化の用法であり、完了のアスペクト助詞"了"が後続している。

(11)平桥村只有一只早出晚归的航船是大船,决没有留用的道理。其余的都是小船,不合用;央人到邻村去问,也没有,早都给别人定<u>下</u>了。

(《呐喊》)

平橋村で大型の船といえば、朝出て夕方帰る便船が一隻あるきりで、いくらなんでもこれは使うわけにはいかない。そのほかのは全部小型で、役に立たない。人をやって隣村に聞きに行ってもらったが、みんなとうに約束済みになっていて、空きがない。

(12)忽而一个红衫的小丑被绑在台柱子上,给一个花白胡子的用马鞭打<u>起来</u>了,大家才又振作精神地笑着看。

(《呐喊》)

突然、紅い長衣の小丑(道化役)が舞台の柱に縛りつけられて、胡麻塩のあごひげの男に鞭でひっぱたかれはじめたので、私たちは、やっとまた元気を取りもどして笑いながら見た。

また、"给……V"構造の受動表現の中に、次の例文(13)—(15)に示すように、動補構造が使われていない構文もある。

(13)"我是老百姓,房子都<u>给烧</u>了,还不许家来看看吗?"

[例文(4)を再掲]

「私は一般の庶民だ、家が焼かれたというのに、家に戻って

見てみてもだめなの?」

(14)张惠如的呼吸稍微平顺了一点,但是他依旧激动地说话,声音因为愤怒和着急在发颤:"我们<u>给丘八打了</u>! ……就在万春茶园里头。"

(《家》)

張惠如の呼吸が少し楽になったが、相変らず興奮していて、声は憤怒と焦躁にふるえている。「われわれは今日丘八に殴られた。……万春茶園の中でだ。」

(15)段誉叫道:"我不走,我不走!"但他没钟灵力大,<u>给她拉着</u>,跟跄而行。

(《天龙八部》)

段誉は「帰らない、帰らない」と叫んだが、鐘霊の方が力が大きかったので、彼女に引っ張られて、よろめきながら歩いていた。

例文(13)では、動詞"烧(焼く)"に補語成分が後続せず、完了を表すアスペクト助詞"了"のみが現れている。例文(14)も同様である。そして、例文(15)では、動詞の直後に補語成分が用いられないが、進行相のアスペクト助詞"着"が後続している。

では、なぜ補語成分がなくても構文の適格性に影響しないのであろうか。

動詞の直後に付加される助詞"了"の役割は、時間軸上で先行する動作がすでに完了し、その結果としての状態を示すものである。言い換えれば、動作が遂行された後にその結果がいまでも続いていることを表す。具体的には、例文(13)であれば、主語の"房子(部屋)"はその動作の完結"烧了"を受け、「焼かれている」という結果状態になっている。例文(14)であれば、"打了(殴った)"という動作が完了されることによって、動作の対象である"我们(われわれ)"はすでに殴られているという結果状態に入っていることを意

味する。

これに対し、進行相の助詞"着"は動作や状態が進行していることを示すため、受動表現の中では、対象である主語が、継続している動作や状態の中で影響を受けていることを表す。具体的にいうと、例文(15)では、対象である主語は動作者の「引っ張る」という継続する動作を受け、ずっと「引っ張られている」状態になっている。

以上のことから、主語の具体的な状況を要求しなければ、結果補語や状態補語が現れなくても、完了を表す"了"や進行相の"着"のような表現を用いると、主語の結果状態が表現でき、構文は成り立つのである。これは、"给……V"構造をとる受動表現はどちらかというと、主語である対象の状態のほうを重視するためであると思われる。

6.2.2　DOの受動化

中国語の受動表現において、受動マーカーは"给"のほかに、"被""让""叫"もある。次の例文(16)に示すように、"让"と"叫"は後に行為者を伴うことが要求されるのに対し、"被"は"给"と同様に行為者が現れなくても、構文は適格な表現である。

(16)a. 我的钱包{让/叫/被/给}小偷偷了。

[作例:自然度1.00]

私の財布は泥棒に盗まれた。

b. 我的钱包{*让/*叫/被/给}偷了。

私の財布は盗まれた。

上の例文(16)から、受動マーカーの"让"と"叫"は行為者を導き、それを顕在化する役割を担うことが窺える。ところが、"被"と"给"は行為者が必ずしも顕在化しない。このことは、"让"と"叫"を用いる受動表現が、"被"や"给"を用いる構文と異なることを示している。

　一方、四種類の受動表現に共通する制約として、原則としてDO
を主語とする受動化のみが可能という制約がある。

　第2章で取り挙げた本動詞の"给"は、次の例文(17)aに示すよう
に、IOとDOの両方をとり、典型的な二重目的語構文を構成する。
そして、例文(17)aをそれぞれ、受動マーカーの"让""叫""被""给"
を用いて受動表現に変換すると、理論的にはDOが主語に立つもの
とIOが主語に立つものの二通りの構文が考えられる。

　(17)a. 张三<u>给</u>了李四一本书。

[作例:自然度1.00]

　　　　張三は李四に本を一冊与えた。

　　b. 那本书{让/叫/被/*给}张三<u>给</u>了李四。

　　　あの本は張三から李四に与えられた。

　　c. 李四{*让/*叫/*被/*给}张三<u>给</u>了一本书。

　　　「李四は張三に本を一冊与えられた」の意

　上の例文(17)bと例文(17)cに示すように、受動マーカーの"给"
は本動詞の"给"と共に構文に現れることが許されない。 これは
「反復の制約」により、"给"の反復を避けるからである。 なお、「反
復の制約」に関しては次の第6.2.3節で分析を行う。

　そして、例文(17)のように、a文の能動表現を受動表現に変える
と、b文のようにDOが主語に立つ文は適格であるが、c文のような
IOが主語となる受動表現は容認されない。 このIOを主語に繰り上
げる受動化ができないという制約は、次の例文(18)と例文(19)に示
すような「授与」や「受益」の意味を表す構文でも共通に見られる。

　(18)a. 我<u>给</u>妹妹买了一辆车。

(施 1981:33)

　　　　私は妹に車を一台買った。

　　b. 那辆车{让/叫/被}我买给了妹妹。

　　　あの車は私によって妹に買い与えられた。

　　b'. 那辆车给我买下来了。

　　　　あの車は私によって買い上げられた。

　　c. 妹妹{*让/*叫/*被/*给}我买了一辆车。①

　　　　「妹は私に車を一台買い与えられた」の意

(19)a. 元二嫂高兴地给老元开门。

　　　　　　　　　　　　　　　　　　　　（《人民日报》1993年）

　　　　元二姉ちゃんはニコニコしながら、元さんにドアを開け
　　　　てあげた。

　　b. 门{让/叫/被}元二嫂给老元打开了。

　　　　ドアは元二姉ちゃんに元さんに開けられた。

　　b'. 门给元二嫂打开了。

　　　　 ドアは元二姉ちゃんに開けられた。

　　c. 老元{*让/*叫/*被/*给}元二嫂打开了门。

　　　　「元さんは元二姉ちゃんにドアを開けられた」の意

　　上記の例文（18）と例文（19）は、いずれもIOを主語に繰り上げる
受動表現を構成することができないということを示している。こ
のDOの受動化について、王（2012:120）は認知言語学の観点から次
のように指摘している。

　　　在认知被动事件时,辖域的选择在汉语中比日语受到
　　更大的限制,我们可以把被动事件的辖域看作一个原型范
　　畴,对受事直接施加影响力的为典型成员,对受事间接施加
　　情感、情绪、情状、心理等方面的影响力的,典型性减低。在
　　汉语中,对于非典型成员,往往用别的句式表达,不再进入

---

① 例文（18）のc文において、"让"と"叫"は使役の意味として構文は成立するが、
　 IOの受動化は認められない。そして"给"は一般の行為の授与構文としては成
　 立するが、受動表現としては成立しない。

被动句……而日语对于非典型成员也一概包容,可以进入
被动句。

　[受動という出来事を認知する場合、スコープを選択す
る際に、中国語は日本語よりさらに厳しい制限を受けて
いる。受動の出来事のスコープをプロトタイプとして見
ると、受動の対象に直接的な影響力を与えるものがプロ
トタイプ的な成員であり、受動の対象に間接的に感情、気
分、状況、心理的な影響力を与える場合、そのプロトタイ
プ性が低い。中国語は、非プロトタイプ的な成員に対し、
受動文を使わずにほかの構文を利用し表現するのが一般
的で……ところが、日本語は非プロトタイプ的な成員で
も受動文で表現することが許容される。]①

　つまり、受動表現に関しては、日本語のスコープが中国語より広
いのである。日本語は直接受動文と間接受動文の両方を用いるこ
とができるのに対し、中国語は基本的に出来事と直接関わりのあ
る直接受動文しか使用できない。
　以上のことから、中国語の受動表現はDOの受動化しか認められ
ず、IOである物の受け手や行為の受け手(即ち、受益者)を提示する
"给……V"構造は、そもそも受動表現に現れることができないと
思われる。

6.2.3　反復の制約
　前節では、DOを主語に繰り上げる受動化における中国語の受動
表現の制約について分析した。本節では、"给……V"形式を用い
る受動表現の「反復の制約」について論じる。

---

① 日本語訳は筆者による。

（20）a. 张三<u>给</u>了李四一本书。

［例文（17）aを再掲］

　　　　張三は李四に本を一冊与えた。

　　b. *那本书<u>给</u>张三<u>给</u>了李四。

　　　　「あの本は張三に李四に与えられた」の意

　　c. 那本书<u>给</u>张三拿走了。

　　　　あの本は張三によって持って行かれた。

（21）a. 我<u>给</u>妹妹<u>买</u>了一辆车。

［例文（18）aを再掲］

　　　　私は妹に車を一台買った。

　　b. *那辆车<u>给</u>我<u>买</u>给了妹妹。

　　　　「あの車は私に妹に買い与えられた」の意

　　c. 那辆车<u>给</u>我<u>买下来</u>了。

　　　　あの車は私によって買い上げられた。

（22）a. 元二嫂高兴地<u>给</u>老元<u>开门</u>。

［例文（19）aを再掲］

　　　　元二姉ちゃんはニコニコしながら、元さんにドアを開け
　　　　てあげた。

　　b. *门<u>给</u>元二嫂<u>给</u>老元<u>打开</u>了。

　　　　「ドアは元二姉ちゃんに元さんに開けられた」の意

　　c. 门<u>给</u>元二嫂<u>打开</u>了。

　　　　ドアは元二姉ちゃんに開けられた。

　例文（20）aは本動詞の"给"構文であり、例文（21）aは「授与」の意
味を表す構文、そして例文（22）aは受益構文である。これらの構文
に受動マーカーの"给"を加えると、例文（20）b—（22）bに示すよう
に、いずれも非適格な構文となる。

　これは、受動マーカーの"给"は、本動詞の"给"やIOを導く"给"と
共に構文に現れることができず、"给"の反復を避けるという「反復

の制約」があることを示している。このため、受動表現の"给"は例文(20)c—(22)cに示すように、単独で"给……V"構文を構成するのである。

このことから、"给……V"形式を用いる受動表現では、"给"の反復を避けるため、本動詞としての"给"や、IOを導く"给"を含む能動表現に対応するような受動構文をもたない、ということが分かる。

6.2.4 残留目的語について—"给"と"被"の比較を中心に—

中国語の受動表現では、一般的には、受動表現の動詞句は目的語をもつ他動詞である。この目的語が主語の位置に置かれるため、他動詞の後には目的語が残らない。ところが、他動詞の後に目的語が残留する受動表現もあり、これが容認される場合は、受動マーカーによって異なる性質を見せている。

(23)a. 他被炮弹炸掉了手指头。

(勝川 2013:180)

彼は爆弾に指を吹き飛ばされた。

(24)a. 他被小偷偷走了钱包。

(勝川 2013:183)

彼は泥棒に財布を盗まれた。

例文(23)aと例文(24)aでは、共に"被"を用いる表現であり、主語と文末に位置する名詞句が、身体部位や所有といった領属関係を有する。そして、例文に示すように、主語の位置に現れるのは、動詞の目的語ではなく、その領属先であり、本来の目的語である領属物を指示する名詞句がVR構造の後に残っている。

このような、「領属先」を示す名詞句の主語格上げの成立に関しては、勝川(2013:185)によれば、「領属先と関係が想定しやすく、かつ緊密性が高い領属物のほうが"被"構文の容認度が高い」とする。

その反面、緊密性の低い領属関係をもつ名詞句は、次の例文(25)

に示すように、許容度が格段に落ちる。

　（25）*我被太郎撕破了<u>报纸</u>。

（勝川　2013：185）

　　「私は太郎に新聞を破られた」の意

　上記の例文（23）aと例文（24）aに示すような主語と残留目的語の間に領属関係をもつ"被"構文を"给"に入れ替えると次のようになる。

　（23）b. ??　他<u>给</u>炮弹炸掉了手指头。

［作例：自然度 0.47］

　　「彼は爆弾に指を吹き飛ばされた」の意

　　c. 他的手指头<u>给</u>炮弹炸掉了。

［作例：自然度 0.93］

　　彼の指は爆弾に吹き飛ばされた。

　（24）b. ??　我<u>给</u>小偷偷走了钱包。

［作例：自然度 0.37］

　　「私は泥棒に財布を盗まれた」の意

　　c. 我的钱包<u>给</u>小偷偷走了。

［作例：自然度 0.93］

　　私の財布は泥棒に盗まれた。

　（26）a. ??　小王<u>给</u>人夺走了幸福。

［作例：自然度 0.23］

　　「王さんは人に幸せを奪われた」の意

　　b. 小王的幸福<u>给</u>人夺走了。

［作例：自然度 0.90］

　　王さんの幸せは人に奪われた。

　15名のコンサルタントを調査した結果、方言差に関わらず、領属物が文末に残留しない例文（23）cと例文（24）c及び例文（26）bのほうが許容度が高いということが分かった。

以上をまとめると、緊密性の高い領属関係を有する二つの名詞句において、"被"を用いる受動表現では、領属物が残留目的語として、文末に置かれることが許される。一方、"给……V"構造を用いる受動表現では、領属物が文末に残留しない方が容認度は高いという傾向が見られる。

6.3 VPを補語とする"给"の役割

第2章で述べたプロトタイプとしての本動詞"给"において、IOである人間は、文脈で分かる場合を除き、"给"の直後に出現するのが義務的である。ところが、受動表現の場合、"给"の後に立つ行為者は、次の例文(27)に示すように、出現するものもあるが、また例文(28)と例文(29)に示すように、行為者が省略されるパターンも多く存在する。

(27)平桥村只有一只早出晚归的航船是大船,决没有留用的道理。其余的都是小船,不合用;央人到邻村去问,也没有,早都<u>给别人</u>定下了。

[例文(11)を再掲]

平橋村で大型の船といえば、朝出て夕方帰る便船が一隻あるきりで、いくらなんでもこれは使うわけにはいかない。そのほかのは全部小型で、役に立たない。人をやって隣村に聞きに行ってもらったが、みんなとうに約束済みになっていて、空きがない。

(28)周永振笑呵呵地说:"刚才我见那骑车的<u>给撞倒了</u>,以为他奔过去要打架哪,嘻嘻!"

[例文(8)を再掲]

周永振が面白がっている。「さっきの、自転車に乗っていた人、ぶつかられて、てっきりぶんなぐりに行ったと思ったのによ。ヘッヘッヘ。」

（29）我说："小望儿，这些年爸爸很少和你谈心。你对爸爸的不满是可以理解的，生活<u>给弄得颠颠倒倒的</u>，爸爸也有爸爸的苦处呀！"

（《人啊，人》）

「望、この何年か、お父さんはおまえと腹を割って話し合ったことがなかった。おまえがお父さんに不満なのはよく分かる。だが、生活がめちゃめちゃにされていたんだ。お父さんにはお父さんの苦しみがあったんだよ。」

受動表現における"给"の役割に関して、"给"は行為者を提示する働きがある（袁 1997）とする先行研究の分析は、上の例文（27）では成り立つが、例文（28）と例文（29）のような行為者が出現しない構文の説明には無理がある。実は、例文（28）では、自転車にぶつかったのは誰なのかが不明であり、例文（29）も同様である。

佐々木（1996:66）では、"给"は動作・行為とその関与者との間に抽象的な方向性をもたらす文法成分であると指摘される。しかし、前述のように、構文の行為者が出現しない場合が多く、この方向性を見出すのも困難が感じられる。

温・范（2006:20-23）は、受動表現において、"给 V"構造の中の"给"は焦点化表記として機能し省略できるが、動作の結果を突出させるという働きがあるとする。本書も温・范（2006）の立場をとり、なぜ"给"が「動作の結果を突出させる」という働きを有するのかを検討する。

本書では、受動表現のVPを"给"の「結果補語相当」の成分と考えることで、この"给"の役割を説明することができると主張する。結果補語をもつ"给"の構文スキーマで、DOの帰着する終点であるIOは背景化されて構文に現れない。その代わりに、IOの位置に現れるのは、「DOの状態変化」を表す結果補語（R）である。このような構文の意味的特徴は、DOがRの示す結果に帰着すると考えるこ

とができる。"给……V"形式の受動表現では、VP自体がVR構造をもち、DOの状態変化の内容を特定している、と見ることができる。

（30）a. 結果補語をもつ本動詞の"给"構文：

　　　　DO 给 R

　　b. VR構造をもつ"给……V"形式の受動表現：

　　　　DO 给 VP

"给"が顕在化することによって、"给"のDOである受動表現の主語がVPの働きかけの対象となることから、帰着する結果により明確に結び付けられているとして、この「動作の結果の突出」を説明するのである。

温・范（2006）では、受動表現において、行為者が現われない場合に、"给"が省略できると言及している。つまり、VR構造をもつ他動詞構文では、語順を変えるのみで受動表現が成立しうるのである。ただし、コーパスの用例では、"给"が省略できる構文と省略できない構文が出てくる。例えば、上の例文（29）は"给"が省略できるのに対し、例文（28）は"给"が省略されると非文となる。いずれの文も、Vが動作主の働きかけを、結果補語が被動作主の変化を表すような組み合わせとなるVR構造をもつ。

（28）'*刚才我见那骑车的撞倒了。

　　　「さっきの自転車に乗る人がにぶつかった」の意

（29）'生活弄得颠颠倒倒的。

　　　生活がめちゃめちゃにされていたんだ。

例文（28）'では、受動表現の主語が人間であるため、受動マーカーの"给"がなければ、主語に位置される人間が行為の受け手ではなく、行為を行う側に考えられやすく、構文全体が能動文に解釈される。そして、この能動文は動詞の目的語を欠き、つまり、「誰にぶつかったのか」が不明瞭であるため、文脈によっては非適格な構文となる。

　一方、例文（29）'では、受動表現の主語が物であるため、受動マーカーの"給"がなくても、構文が物である"生活"の結果状態を記述する結果構文となる。これは、"給"を用いる受動表現とほぼ同義で、構文の適格性が維持されている。

　このことから、受動表現において、動詞の直前に位置される"給"が顕在化することによって、動詞に先行する主語がDOであること、つまり受動表現であることが明示されると考えられる。

6.4　"把……給"構文及び"被……給"構文の"給"

　本書では、"給"を用いる受動表現において、"給"の後に必ずしも行為者名詞が現れず、VPが直接後続することを考慮し、補語をもつ"給"の構文スキーマの補語がVPである、という分析を提案した。この解釈は、他動詞能動文で「処置式」と呼ばれる前置DO"把"に後続する"給"（以下、"把……給"構文と呼ぶ）及び、受動表現で、行為者名詞句を導く"被/让/叫……"に後続する"給"（以下、"被……給"構文と呼ぶ）の用法にも応用できる。

　なお、上述のように、"被"を用いる受動表現では、行為者を示す名詞句が出現しなくてもいいが、"被……給"構文では、行為者が顕在化している場合にのみ成立する。

　構文論を中心とする先行研究では、"把……給"構文や"被……給"構文における"給"の役割として、"給"が省略されても構文の成立に影響しない（朱　1982:181）ため、出現が任意であり、機能をもたない要素とされる。出現する場合の意味については、単に構文の語気を強める（李　2004）という分析から、動作の方向性の強調に注目する論考として、佐々木（1996:65-66）では、"給"は動作行為とその関与者との間に抽象的な方向性をもたらす文法成分であると定義される。また、温・范（2006）はこの"給"が焦点化表記として機能し省略できるが、動作の結果を突出させるとされる。沈・司

马(2010)は、行為者が出現しない受動文を対象に、構文中の"給V"が独立の動詞構造であり、"給"は「中動相(middle voice)のマーカーとして「外力」をもたらす役割があるという新たな分析を提出している。

6.4.1 "把……給"構文と"給"の構文スキーマ

「処置式」としての"把……給"構文は、その成立条件として、受動表現の場合とよく似たVR構造を要求する。それに、DOの前置構文であるため、Vの後には通常はDOが現れない、という点も受動表現と共通している。受動表現との違いは、能動文として、VPの行為者が文の主語として"把"より前に現れ、動詞の直前に残留しない、という点である。以上のことから、"把……給"構文の文構造を次のように提案する。

(31)"把……給"構文

NP_1 把 NP_2 給 VP
他 把 花瓶 給 打碎了。

［作例：自然度1.00］

彼は花瓶を壊してばらばらにした。

(32)"給"の構文スキーマの"把……給"構文への実現

"給"のS：NP_1＝VPのS

"給"のDO：NP_2＝VPのDO

"給"の補語：VP

意味フレーム：NP_1がVPで表示された「状態変化を引き起こす働きかけ」によってNP_2を変化させる。

具体的には、例文(31)の"把……給"構文が表しているのは、構文の主語である"他(彼)"がVPの示す"打碎了(壊して、ばらばらにした)"という「状態変化を引き起こす働きかけ」によって、DOの"花瓶(花瓶)"を変化させたということである。その中で、VPの"打碎

了（壊して、ばらばらにした）"は、DOである"花瓶（花瓶）"の「変化
の結果」として理解されてもいいVR構造である。

　能動文である"把……给"構文では、"给"のSが前景化された主語
として現れることができる、という点以外は、"给……V"構造を用
いる受動表現と共通する枠組みとなる。受動表現では、VPの主語
が"给"の後に任意に出現するが、"把……给"構文でも主語のNP₁
は、しばしば省略されるため、特に、意図性をもたない対象や、人間
ではない対象が含意されている主語の省略では、"把……给"構文
と"给……V"構造を用いる受動表現の違いが曖昧になることも
ある。

　（33）a. 把小王给吓坏了。

[作例：自然度 1.00]

　　　　王さんがびっくりした。

　　　b. 小王给吓坏了。

[作例：自然度 1.00]

　　　　王さんがびっくりした。

　　　c. 别把小王给吓坏了!

[作例：自然度 1.00]

　　　　王さんをびっくりさせないで。

　例文（33）aでは、"把……给"という能動文を使用しているが、構
文全体の示す意味は例文（33）bの"给……V"形式の受動表現と非
常に近く、どちらも「王さんがびっくりした」という意味を表して
いる。ただし、意図性のある行為を含意する場合は違いが明白で、
例文（33）cに示すように、禁止や命令の場合は、"把"が必須となる。

6.4.2　"被……给"構文と"给"の構文スキーマ

　受動表現では、行為者が明示された場合に、"给……V"形式を用
いる受動表現を除き、行為者の示す名詞句の後に"给"が出現する

ことができる。そして、受動表現のVPは、"给……V"形式を用いる
受動表現で行為者が明示されない場合と同様に、"给"の直後に現
れることになる。このVPを、"给"の補語とみなすと、"把……给"
構文と関連した解釈が可能である。

（34）"被……给"構文

　　NP₁　　被/让/叫　　NP₂　给　VP
　　小王（被/让/叫）小李　给　打了。

　　　　　　　　　　　　　　　　　　［作例：自然度1.00］

　　王さんは李さんに殴られた。

（35）"给"の構文スキーマの"被……给"構文への実現

　　"给"のS：NP₂＝VPのS
　　"给"のDO：NP₁＝VPのDO
　　"给"の補語：VP
　　意味フレーム：NP₁がNP₂のVPで表示された「状態変化を引
　　き起こす働きかけ」によって変化する。

　具体的に、例文（34）の"被……给"構文が表しているのは、構文の
主語である"小王（王さん）"が、行為者である"小李（李さん）"によ
るVPの示す"打了（殴られた）"という「状態変化を引き起こす働きか
け」によって、怪我したといった状態に変化するということであ
る。その中で、VPの"打了（殴られた）"は、行為の受け手である"小
王（王さん）"の行き先、つまり「変化の結果」として理解されても
いい。

　"被……给"構文は受動表現の一種である。そのVPのDOとして
の"小王（王さん）"は、"给"のDOでもあるが、主語の位置を占め
る。この結果、VPの主語である"小李（李さん）"は、"给"のSでもあ
り、次の例文（36）aと例文（36）bに示すように、"给"の直前の位置に
必ず現れなければならない。この点が"被"を用いる例文（36）cの
受動表現と異なっている。

（36）a. 小王<u>被小李给</u>打了。

　　　　　　　　　　　　　　　　　　　　　　［作例：自然度1.00］

　　　　王さんは李さんに殴られた。

　　b. *小工<u>被给</u>打了。

　　　　「王さんは殴られた」の意

　　c. 小王<u>被</u>打了。

　　　　王さんは殴られた。

　この"给"のSである"小李（李さん）"は、VPのSでもあるが、次の例文（37）aに示すように、すでに"给"の直前に現れているため、再び"给"の直後、即ち、VPという"打了（殴られた）"の直前に位置する必要がない。この点は、"给……V"構造を用いる受動表現と異なっている。

（37）a. 小王被<u>小李</u>给打了。

　　　　　　　　　　　　　　　　　　　　　　［例文（36）aを再掲］

　　　　王さんは李さんに殴られた。

　　b. 小王给<u>小李</u>打了。

　　　　王さんは李さんに殴られた。

　また、"被……给"構文と"把……给"構文の関連性としては、次の例文（38）aと例文（38）bに示すように、受動表現の"被……给"構文は能動文である"把……给"構文のNP₁とNP₂を入れ替えた構文のようにも見える。

（38）　　NP₁　　被/让/叫　　NP₂　　给　　VP

　　a. 小王　（被/让/叫）小李　给　打了。

　　　　　　　　　　　　　　　　　　　　　　［作例：自然度1.00］

　　　　王さんは李さんに殴られた。

　　　　NP₁ 把　NP₂　给　VP

　　b. 小李 <u>把</u> 小王　<u>给</u> 打了。

　　　　　　　　　　　　　　　　　　　　　　［作例：自然度1.00］

李さんは王さんを殴った。

　能動文の"把……给"構文や受動表現の"被……给"構文における"给"の役割に関して、本書では温・范（2006：20-23）の主張、即ち"给"が動作の結果を突出させるという主張に賛成する。また、"给"はこのような役割を果たす可能性として、次のように考える。

　すでに、第6.1節で述べたように、"给……V"の受動表現は次の例文（39）aに示すような形式をとる構文である。そして、「処置式」としての"把"構文でも、受動表現の"被"構文でも、次の例文（39）bと例文（39）cに示すように、"给……V"形式の受動表現の場合と同様、一般的には文末にVP動詞句をもつ。

（39）a. NP$_1$　　給　　（NP$_2$）　VP

　　　　小王　　给　（小李）　打了。

[作例：自然度1.00]

　　　　王さんは李さんに殴られた。

　　b. NP$_1$　把　NP$_2$　　VP

　　　　小李　把　小王　　打了。

[作例：自然度1.00]

　　　　李さんは王さんを殴った。

　　c. NP$_1$　被　NP$_2$　　VP

　　　　小王　被　小李　　打了。

[作例：自然度1.00]

　　　　王さんは李さんに殴られた。

　例文（39）aに示した"给……V"構造の受動表現で、行為者であるNP$_2$の"小李（李さん）"が、しばしば背景化され、"给"に直接動詞句のVPが接続する例はほとんどである。

　本書では、"给……V"形式を用いる受動表現のVPを「変化の結果」として、一種の特殊な結果補語であると考える。そして、"给"は"把"構文や、"被"構文に入る場合、"把……给"構文及び"被……

給"構文を構成するが、既述のように、これらの構文でも"给……
V"構造の受動表現と同じく、文末のVPを"给"の結果補語と解釈で
きる。

　"给……V"構造を用いる受動表現は、"给"がVPの直前に現れ、VP
の示す「動作の結果」を突出させる役割をもつ。"把……给"構文や
"被……给"構文の"给"においても、同様な理由で、"给"がVPの直
前に現れることによって、"给"のDOに相当する前置目的語や受動
文の主語が、補語としての働きかけの対象として帰着する結果に
より、「動作の結果の突出」の役割を果たすのである。

6.5　受動表現の拡張のプロセス

　本節では、中国語の"给……V"形式の受動表現を、次のようなDO
が主語となる結果構文から拡張した構文として説明することを試
みる。

（40）稿費<u>给少了</u>。

(《人民日报》1995年)

　　　原稿料が少なかった。

　受動表現の拡張に関して、木村・楊（2008）は、中国語を対象とし
て考察し、"给……V"形式を用いる受動表現の出現を受益表現に
結び付けて説明した。その理由は、受動表現の"给"の後に位置す
る行為者を、主語である対象の状態変化の「誘発者」とし、受益表現
の中で"给"の後に位置する受益者を、やはり主語が行う行為の「誘
発者」と考えることにより、両者の間に関係があるとするためで
ある。

　しかし、既述のように、受益表現では主語のSがVPの行為者であ
るのに対し、"给……V"構造を用いる受動表現では主語のNP₁は動
詞句であるVPの対象である。さらに、構文の面でも、受益表現でV
の直前にVPの主語が現れてはいけないのに対し、受動表現では行

為者の出現が任意とされる。また、受益表現では文末に名詞句の
NP₂が現れるが、受動表現ではVPの後置目的語が原則として現れ
ない、という違いもある。本書では、“给……V”形式の受動表現は
上記の例文(40)のような本動詞の“给”から拡張した構文であると
考える。

本動詞の“给”はプロトタイプとして、次の例文(41)に示すよう
に、二重目的語構文を構成し、IOとDOの両方をもつ構文である。

(41)小王给了小李一支圆珠笔。

[作例：自然度1.00]

　　王さんは李さんにボールペンを一本あげた。

上記のプロトタイプの本動詞の“给”構文を図式化すると、次の
図6-1のようになる。

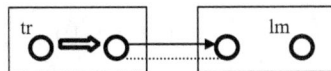

図6-1

プロトタイプの本動詞の“给”構文が示す意味的特徴は、授与者
が受取人に具体物を授与することである。この中で、具体物の位
置変化と受取人の状態変化の両方が観察できる。

ところが、動詞の後に結果補語を伴う構文では、次の例文(42)a
と例文(42)bに示すように、二つの目的語を後置することができな
くなる。また、“给”の「反復の制限」のために、例文(42)cに示すよ
うに、IOを前置することができない。このため、結果補語を伴う
“给”は、次の例文(43)に示すように、IOを欠く構文で現れる。

(42)a. ?? 他给少了我稿费。

　　　「彼は私に原稿料を少なくくれた」の意

　　b. *他把稿费给少了我。

　　　「彼は原稿料を私に少なくくれた」の意

  c. *他<u>给</u>我<u>给</u>少了稿费。

   「彼は私に原稿料を少なくくれた」の意

（43）a. 他<u>给</u>少了稿费。

   彼が原稿料をあげるのは少なくなった。

  b. 他<u>把</u>稿费<u>给</u>少了。

   彼が原稿料をあげるのは少なくなった。

  c. 他<u>把</u>我的稿费<u>给</u>少了。

   彼が私の原稿料をくれるのは少なくなった。

 上の例文（43）aと例文（43）bに示すように、授与の対象としての IOの存在は含意されているが、IOとして顕在化することはできない。顕在化する場合には、例文（43）cに示したように、DOの所有者の形で現れる。この構文では、"给"の直後の位置にあるのは、IOではなく結果補語である。

 IOが背景化される（例文（43）a）構文を図式化すると、次の図6-2のようになる。

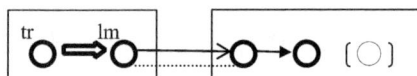

図 6-2

 IOが背景化されるこの種の"给"構文は、IOの状態変化は示すことができない。IOが移動物の移動先ともなるので、IOが構文に現れないため、DOの位置変化が見られるが、プロファイルされていない。IOの位置に現れるのはDOの状態変化を示す結果補語であるため、構文がプロファイルしているのはランドマークである具体物の状態変化となる。

 そして、例文（43）bでは、"给"のDOに相当する"稿费（原稿料）"が"把"で導かれ、"给"のSである"他（彼）"が主語に立ち、一種の能動文を構成している。

このような"把"構文を図式化すると、次の図6-3のようになる。

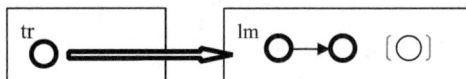

図6-3

"把"構文は、「処置」を表す構文であり、構文の示す意味的特徴は、具体物をどのように処置するか、換言すれば、具体物がどのような状態に変化するかをプロファイルする構文である。上の例文(43)bでは、"把"に後続する動詞が、「授与」の意味を示す"给"であるが、"给"の直後に名詞句(IO)が現れていない。この場合に、IOの存在が含意されるが、構文に出現していないため、背景化とされている。

"给"のSも背景化され、前置されたDOも"把"を伴わなければ、上の例文(40)のような結果構文となる。

(44)a. 他把稿费给少了。

［例文(43)bを再掲］

彼が原稿料を少なくした。

b. 稿费给少了。

［例文(40)を再掲］

原稿料が少なかった。

例文(44)bでは、動作の対象である"稿费(原稿料)"が主語の位置に置かれて前景化され、行為者つまり原稿料を払う人は背景化され、構文に現れない。このような構文を図式化すると、次の図6-4のようになる。

図6-4

　このような構文は、行為者のSと受領者のIOが存在するが背景化され、構文に現れていない。構文がプロファイルしているのは主語であるDOの状態変化である。

　次の受動表現でも、"给"のSが背景化され、"给"のDOが前景化されることが観察される。

（45）"我是老百姓，房子都给烧了，还不许家来看看吗?"

［例文（4）を再掲］

　　「私は一般の庶民だ、家が焼かれたというのに、家に戻って
　　見てみてもだめなの?」

　例文（45）では、動作の対象である"房子（家）"が主語の位置にきて前景化され、家が誰によって焼かれたのかは注目されず、行為者が背景化されている。このような構文を図式化すると、次の図6-5のようになる。

図6-5

　"给……V"形式の受動表現もDOが主語の位置に立ち、前景化とされる。そして、行為者であるSが常に構文に現れないため、背景化とされる。ただし、受領者であるIOに関して、「DOが主語となる本動詞の"给"構文」では、IOが構文に現れないが、IOの存在がまだ観察できる。一方、「"给……V"形式の受動表現」では、IOの存在が希薄であり、背景化されている。その代わりに、構文がプロファイルしているのは、DOの状態変化のみである。

　このSの背景化、DOの前景化を契機として、VR構文を用いる本動詞"给"が受動表現の"给"へと拡張するところに、"给"の受動用法が成立すると考えられる。

　"给"の役割に関しては、"给"が顕在化していることにより、VR

構造をもつVP全体を補語とし、DOである受動構文の主語が、働きかけの対象として、変化する結果となる。いわば、結果状態の示すVPは"给"の直後に位置することによって、"给"の「動作の結果の突出」の効果が生じるのである。

　"把"構文や"被"構文も構文の成立条件として、一般的には文末にVR構造をもつVP動詞句が必要とされる。"给"はこのような"把"構文や、"被"構文に入り、"把……给"構文及び"被……给"構文を構成する。これらの構文でも"给……V"形式の受動表現と同様、文末のVPを"给"の結果補語と解釈することができる。

　(46)我把大门给锁上了！

(《骆驼祥子》)

　　　門は錠をおろしてきたけど。

　(47)屋里已被小福子给收拾好。

(《骆驼祥子》)

　　　家の中は、小福子の手ですっかり片づけられていた。

　"给"の役割は、VPの直前に現れることで、"给……V"構造を用いる受動表現と同じく、前置目的語や受動表現の主語が、補語としての働きかけの対象として帰着する結果により、VPと結び付き、「動作の結果」を突出する役割を示している。

　このような構文を図式化すると、次の図6-6のようになる。

"把……给"構文

"被……给"構文

図6-6

　“把……给”構文は、一種の能動文である。この構文の主語に立つのは行為者である。構文の示す意味的特徴は、トラジェクターである行為者が具体物に働きかけ、具体物を状態変化させることである。これに対し、“被……给”構文は受動表現であり、構文の主語は被動作主のDOである。構文の示す意味的特徴は、トラジェクターの被動作主は、ランドマークの行為者の働きかけを受けて状態変化することである。

6.6　おわりに

　本章では、“给……V”形式を用いる受動表現について考察した。

　“给……V”形式の受動表現の成立条件として、まず、VR構造が必要とされる。このVR構造において、Rは結果補語、状態補語のほかに、補語を伴わずに、完了を表す“了”や進行相の“着”を用い、主語の結果状態を表現するものもある（第6.2.1節）。次に、“给……V”形式の受動表現は、DOの受動化構文であり、IOの主語への格上げである場合は容認されない（第6.2.2節）。そして、“给”には「反復の制約」があるため、本動詞としての“给”や、IOを導く“给”を含む能動表現をもたないということも述べた（第6.2.3節）。さらに、“给……V”形式を用いる受動表現では、領属関係のある名詞句の領属物が文末に残留しない方が構文の容認度は高いという傾向が分かった（第6.2.4節）。

　本章は、SとIOの背景化、DOの前景化、それに結果要素をとるような共通性として、“给……V”形式の受動表現は、DOが主語となる本動詞の“给”構文から拡張した構文であると主張した。

7 終　章

7.1 "给"構文のネットワーク

第2—6章では、本動詞の"给"構文、"V给"構文、"给……V"構文及び受動の意味を示す"给……V"構文を考察した。

本書は、"给"を含む各構文がすべて本動詞の"给"構文から拡張した構文であると考える。プロトタイプの本動詞の"给"構文には、DOとIOをもち、IOの状態変化に認知的な際立ちがあるスキーマと、補語を伴い、IOが背景化され、DOの状態変化に認知的な際立ちがあるスキーマがある。

"V给"構文と"给……V"構文では、本動詞の"给"の二重他動詞としての性質が、構文スキーマとして維持されている。一方、受動表現の"给……V"構文や"把……给"構文、"被……给"については、IOが背景化され、補語を伴う本動詞の"给"構文からの拡張とみなす。

"给"を含む各構文は動詞に応じ、異なる拡張を経て、ネットワークを構成すると主張する。図式化すると次の図7–1のようになる。

本動詞の"给"構文は二重目的語構文を構成し、主語（S）とIO（NP₁）が人間であり、DO（NP₂）が具体物である（図7–1の①）。構文の示す意味は、主語の直接的な働きかけによって、事物NP₂が人間であるNP₁が接近可能な領域にはいる。この構文から、NP₂の位置変化と、NP₁のNP₂を所有するという状態変化の両方が見られる。

（1）我给他一本书。

[作例：自然度1.00]

　　私は彼に本を一冊あげる。

本動詞の"给"から拡張した構文として、NP₂が抽象物である構文（図7–1の②）、Sが人間ではない構文（図7–1の③）、NP₁が非情物である構文（図7–1の④と⑤）がある。これらの構文は、それぞれメタファーによる意味拡張と思われる。

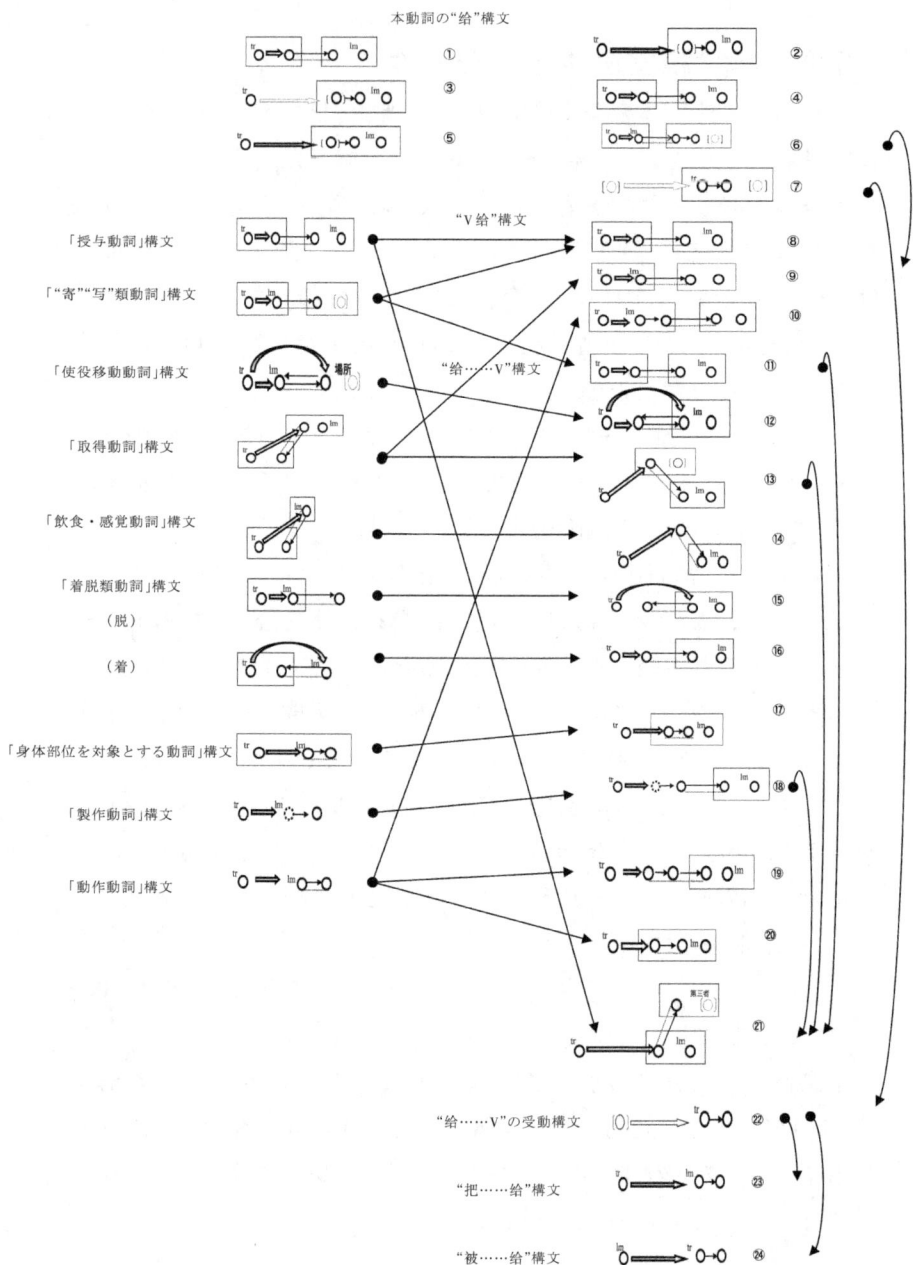

図 7-1

（2）谢谢您给了我一个<u>商业机会</u>。

（《谁认识马云》）

　ビジネスチャンスをくださって、ありがとうございました。

（3）<u>这小小的成功</u>给了他更多的信心。

（《世界100位富豪发迹史》）

　この小さな成功は彼に多大な自信を与えた。

（4）农夫们给了<u>土地</u>充足的肥料。

［作例：自然度 1.00］

　農夫たちは土地に十分な肥料をやった。

（5）他的慈爱的母亲在贫苦的生活中给了<u>他的童年</u>许多温暖。

（張 2010：620）

　慈しみの母が貧しい生活の中で彼の少年時代に温かみをあげた。

　プロトタイプの本動詞"给"からの拡張で、結果補語や方向補語を伴う構文がある。このような構文は、IOが現れることができず、DOのみが"给"に後続する（図7-1の⑥）。

（6）7岁时我生了场病，我的肾有问题得吃药。但他们<u>给错了药</u>，我病得更厉害了。

（《我的世界我的梦》）

　私は7歳の時病気で、腎臓に問題が出て薬を飲まなければならなかった。でも彼らが薬を間違えてくれたから、私の病気はさらにひどくなった。

　また、DOが構文の主語として現れ、"给"の主語が背景化され、本動詞"给"の直後に結果補語のみが続く構文もある（図7-1の⑦）。これはNP₂の変化に認知的な際立ちがある構文であり、補語を伴う一種の結果構文である。このような構文は第6章で述べた受動表現のプロトタイプである。

(7)当时想找活儿干的人很多,而工资也给<u>得不高</u>。

(《读者(合订本)》)

　　当時は仕事を探す人が多くて、給料も高くなかった。

　本動詞の"给"構文から拡張した"V给"構文(第4章)と"给……V"構文(第5章)に関して、朱(1979)は、「授与」を表す構文において、「授与」の意味が含意される動詞は"V给"の二重目的語構文をとりうるが、それに対し、動詞自体が「授与」の意味をもたない動詞は"给……V"形式で受け手を表すことができるとする。

　第4章で考察した"V给"構文は、動詞の後置目的語を必ず二つもつ二重目的語構文(図7-1の⑧)と、"V给"の前にDO、後にIOをとる構文(図7-1の⑨と⑩)がある。

(8)他卖<u>给</u>我一本书。

［作例：自然度1.00］

　　彼は私に本を一冊売ってくれた。

(9)希腊神话中的神祇,因把天火<u>偷给</u>人类而受到了宙斯的惩罚。

(《荆棘鸟》)

　　ギリシアの神話の中の神が天の火を人類に<u>盗んでやった</u>(盗み与えた)ため、ゼウスに罰せられた。

(10)陕西省5年内3.7万户教工迁新居　　顺义县将最大块"蛋糕"<u>切给</u>教育。

(《人民日报》1995年)

　　陕西省は5年以内では3.7万世代の教職員に新築に引っ越しさせた。順義県がケーキの最大の分け前を教育に<u>切ってやった</u>(切り与えた)。

　前者では、受け手が存在し、しかも本動詞の"给"と同様に、「授与」の意味をもつ二重他動詞と、「受け手が潜在する」が、二重目的語構文が構成できない動詞("寄""写"類)に限定される。後者では、「取得動詞」や「動作動詞」のような二重他動詞以外の他動詞が

適用できる構文である。いずれも、二重目的語構文を構成している。

"给……V"形式を用いる構文も動詞に応じ、異なる拡張を見せている。大別すると、次の二つに分けられる。

①構文の参与者は同じであるが、"给"を用いる場合には"给"に後続するIOがランドマークとしての認知的な際立ちを与えられ、IOとなる。

②構文の参与者が新たに追加され、この参与者がIOとなる。

このうち、②はさらに、本来の参与者の一つが背景化され、存在は含意されるが、表示されなくなるものとそうでないものとに分けられる。

①に関しては、第5.2節で述べた朱（1979）の「"寄""写"類動詞」と第5.3節で述べた「使役移動動詞」はこれに当たる。「"寄""写"類動詞」では、動詞単独では背景化されている授与の受け手は、"给……V"構文でランドマークとして動詞に前置される（図7-1の⑪）。

（11）a. 小李写了一封信。

［作例：自然度1.00］

李さんは手紙を一通書いた。

b. 小李给小张写了一封信。

［作例：自然度1.00］

李さんは張さんに手紙を一通書いた。

「使役移動動詞」は、"给……V"構文を用いると、移動の終点あるいは起点をランドマークとして選択する構文となる（図7-1の⑫）。

（12）a. 张三涂了漆。

［作例：自然度1.00］

張三はペンキを塗った。

b. 张三给墙涂了漆。

（岸本 2011:33）

　　　　　　　張三は壁にペンキを塗った。

　どちらの構文も移動物と移動の結果として状態が変化する人あるいは場所への働きかけに焦点を当てると見ることができる。

　「“寄”“写”類動詞」では、受け手をランドマークとする点で“V給”構文（図7-1の⑧）と共通の意味をもつ。「使役移動動詞」は、“给……V”構文をとる場合、場所の側により大きな際立ちがあり、場所の一部の変化がプロファイルされている。

　②に関しては、朱（1979）の述べる“给……V”形式をとる授与構文と、朱（1979）が介詞“给”の構文と見る受益構文を含む。追加される参与者は移動物の受け手（図7-1の⑬⑭⑯⑱⑲）である場合と、受益構文（図7-1の⑳㉑）である。

　前者は、単独では移動物の受け手を参与者とはしない動詞である。例えば、図7-1の⑬に示すように、「取得動詞」のような「移動物の起点」を参与者として含意する場合、“给……V”構文を用いると、「移動物の起点」は背景化されてプロファイルされなくなる。

（13）a. 他偷了小张一支笔。

　　　　　　　　　　　　　　　　　　　　［作例：自然度1.00］

　　　彼は張さんからペンを一本盗んだ。

　　b. 他给小李偷了一支笔。

　　　　　　　　　　　　　　　　　　　　［作例：自然度1.00］

　　　彼は李さんに与えるためにペンを一本盗んだ。

　　c. *他给小李偷了小张一支笔。

　　　*彼は李さんに与えるために張さんからペンを一本盗んだ。

　このような意味的特徴は「製作動詞」と「動作動詞」をVとする“给……V”構文（図7-1の⑱と⑲）にも観察される。どちらも“给……V”構文において、状態変化した事物の移動を含めた拡張では移動物の受け手を追加する。

(14)张三给李四烤肉。

[作例：自然度 1.00]

張三は李四に渡すためにお肉を焼く。

(15)我给他做了饭。

[作例：自然度 1.00]

私は彼に食事を作った。

　第5.4節で論じた再帰的用法において、「飲食・感覚類」では、最終的に事物がトラジェクターの側に帰着するという変化があり、「取得動詞」構文と共通の側面を有する。一方、「着脱類」では、トラジェクター自身の身体が事物の位置変化の起点や終点となり、使役移動構文とも見ることができる。「身体部位を対象とする他動詞」では、状態変化するのはトラジェクター自身の身体部位であるが、物の位置移動が見られない点で、「飲食・感覚類」及び「着脱類」と異なる。

　"给"が追加され、「脱再帰の"给……V"構文」となると、事物自体の単なる受け手ではなく、状態変化を起こしたり、情報の受け手となったりする参与者が追加されることになる（図7-1の⑭⑮⑯⑰）。

(16)a. 母亲吃清淡饮食。

[作例：自然度 1.00]

母親があっさりとしたお食事を食べる。

　　b. 我给母亲吃清淡饮食。

(《梁冬对话罗大伦》)

私は母親にあっさりとしたお食事を食べさせる。

(17)a. 弟弟穿上了毛衣。

[作例：自然度 1.00]

弟はセーターを着た。

　　b. 她给弟弟穿上了毛衣。

[作例：自然度 1.00]

彼女は弟にセーターを着せた。

(18)a. 小张<u>擦</u>眼睛。

［作例：自然度1.00］

張さんは目を拭く。

b. 小李<u>给</u>小张<u>擦</u>眼睛。

［作例：自然度1.00］

李さんは張さんの目を拭いてやった。

もう一つの拡張は、追加される参与者が受益者である構文である。これは、具体物が移動しない場合と、移動する場合がある。

具体物が移動しない場合は、トラジェクターの行為の対象が、ランドマークである受益者の領域のものである（図7-1の⑳）。

(19)我<u>给</u>他开门。

［作例：自然度1.00］

私は彼にドアを開けてあげた。

この場合は、上述の「身体部位を対象とする他動詞」と同様な振る舞いが見られる。「身体部位を対象とする他動詞」も、具体物が人間の体の一部であるため、移動ができない。"给……V"構文となると、その身体部位は"给"に導かれるIOの身体部位となる。

一方、具体物が移動する場合は、例えば、「"卖"類動詞」構文のように動詞単独では移動物の受け手を参与者とするものを含むが、"给……V"構文となると、受益者が追加され、移動物の受け手が背景化され、存在のみ含意される（図7-1の㉑）。

(20)a. 他<u>卖</u>了我一个苹果。

［作例：自然度1.00］

彼は私にリンゴを一個売った。

b. 他<u>给</u>小李<u>卖</u>苹果。

［作例：自然度1.00］

彼は李さんの代わりにリンゴを売っている。

　　　c. *他给小李卖了我一个苹果。

　　　　*彼は李さんの代わりに私にリンゴを一個売った。

　また、「"寄""写"類動詞」構文のように、移動物の受け手が含意されるが、"给……V"構文にのみ現れることができるような場合には、受益者が追加されると、新たに出現した移動物の受け手が再び背景化され、存在が含意されるのみで、構文に現れることができない(図7-1の㉑)。

(21)a. 我寄了五本书。

　　　　　　　　　　　　　　　　　　　　[作例:自然度1.00]

　　　私は本を五冊送った。

　　　b. 我给老师寄了五本书。

　　　　　　　　　　　　　　　　　　　　[作例:自然度1.00]

　　　私は先生に本を五冊送った。

　　　c. 我给老师寄了五本书。

　　　　　　　　　　　　　　　　　　　　[作例:自然度1.00]

　　　私は先生の代わりに本を五冊送ってあげた。

　　　d. *我给老师寄了五本书给小李。

　　　　*私は先生の代わりに李さんに本を五冊送った。

　このように、「"寄""写"類動詞」構文は、動詞単独で「移動物」をランドマークとするが、"给……V"構文となると、移動物の受け手をランドマークとする構文と、新しく加わった受益者をランドマークとする構文との二義性が生じる(例文(21)bと例文(21)c)。

　「取得動詞」と「製作動詞」のような移動物の受け手を追加できる動詞(図7-1の⑬と⑱)でも、"给……V"構文でさらに受益者を追加して移動物の受け手を背景化する構文(図7-1の㉑)との二義性が生じる。

(22)我给妹妹买了一辆车。

　　　　　　　　　　　　　　　　　　　　　　(施　1981:33)

　　a. 私は妹に車を一台買った。

　　b. 私は妹の代りに車を一台買ってやった。

（23）我<u>给</u>他做饭。

[作例：自然度1.00]

　　a. 私は彼に食べさせるために食事を作る。

　　b. 私は彼の代わりに食事を作ってやる。

　最後に、第6章で分析した"给……V"形式の受動表現は、補語を
もつ本動詞の"给"構文と関わりがあって、SとIOの背景化、DOの前
景化、それに結果要素をとるような共通性をもつとして、DOが主
語となる本動詞の"给"構文から拡張した構文（図7-1の㉒）である
と考える。

　さらに、"给"は"把"構文や"被"構文に入り、"把……给"構文（図
7-1の㉓）及び"被……给"構文（図7-1の㉔）を構成し、この場合も、
文末のVP動詞句の示すDOの状態変化を強調する。

（24）稿费<u>给</u>少了。

（《人民日报》1995年）

　　原稿料が少なかった。

（25）小王<u>给</u>打了。

[作例：自然度1.00]

　　王さんは殴られた。

（26）我<u>把</u>大门<u>给</u>锁上了！

（《骆驼祥子》）

　　門は錠をおろしてきたけど。

（27）屋里已<u>被</u>小福子<u>给</u>收拾好。

（《骆驼祥子》）

　　家の中は、小福子の手ですっかり片づけられていた。

　このように、本動詞としての"给"構文を中心として、"给"を他の
動詞と組み合わせたさまざまな構文が大きなネットワークを構成

している。

7.2　まとめ

　本書では、従来さまざまな構文で現れると指摘してきた"给"について、基本的にすべて動詞であるという観点から分析を行った。

　プロトタイプの本動詞"给"は、二重目的語構文を構成するが、それを構文スキーマとして"V给"構文と"给……V"構文にも応用できる。朱（1979）では、本動詞の"给"を含め、本書で扱う"V给"構文と"给……V"構文の"给"はすべて動詞であると認めるが、"给……V"構文の「服務」の意味を表す"给"は介詞であると主張する。本書で明らかにしたように、この場合の"给……V"構文は、受益者が追加されることによって、DOの帰着点が背景化され、結果として、授与の場合と同様に、二重目的語構文となっている。従って、「服務」の意味を表す"给……V"構文の"给"も動詞であると判断する。

　一方、「受動」の意味を示す"给……V"構文に関しては、二重目的語構文とみなせない点に着目し、従来の観点と異なり、補語をもつ本動詞の"给"構文をプロトタイプとして拡張した構文であると分析した。この場合の"给"は、IOとDOの両方をもつ二重他動詞の"给"と比べ、動詞の性質が薄れることが見られるが、周辺的な成員として動詞と見ることもできる。

　"给"の全体像とそのつながりを示したのは、本書の成果である。

参考文献

中国語

陈信春,2001.介词运用的隐现问题研究[M].开封:河南大学出版社.

侯学超,1998.现代汉语虚词词典[M].北京:北京大学出版社.

胡竹安,1960.动词后的"给"的词性和双宾语问题[J].中国语文(5):222-224.

李炜,2004.加强处置/被动语势的助词"给"[J].语言教学与研究(1):55-61.

吕叔湘,1999.现代汉语八百词[M].增订本.北京:商务印书馆.

邵敬敏,2009.从"V给"句式的类化看语义的决定性原则[J].语言教学与研究(6):1-8.

沈家煊,1999."在"字句和"给"字句[J].中国语文(2):94-102.

沈阳,司马翎,2010.句法结构标记"给"与动词结构的衍生关系[J].中国语文(3):222-237.

施关淦,1981."给"的词性及与此相关的某些语法现象[J].语文研究(2):31-38.

王黎今,2012.日汉语被动句识解对比研究[M]//日中对照言语学会.日本語と中国語のヴォイス.東京:白帝社:115-127.

温锁林,范群,2006.现代汉语口语中自然焦点标记词"给"[J].中国语文(1):19-25.

向若,1960.关于"给"的词性[J].中国语文(2):64-65.

杨寄洲,贾永芬,2013.汉语800虚词用法词典[M].北京:北京语言大学出版社.

杨欣安,1960.说"给"[J].中国语文(2):66-68.

袁明军,1997.与"给"字句相关的句法语义问题[M]//南开大学中文

系《语言研究论丛》编委会.语言研究论丛:第七辑.北京:语文出版社:138-150.

张斌,2010.现代汉语描写语法[M].北京:商务印书馆.

赵元任,1968.汉语口语语法[M].吕叔湘,译.北京:商务印书馆.

中国社会科学院语言研究所词典编辑室,2012.现代汉语词典[M].6版.北京:商务印书馆.

钟隆林,1959.略论现代语汉中的"给"字[J].武汉大学学报(人文科学版)(10):61-66.

朱德熙,1979.与动词"给"相关的句法问题[J].方言(2):81-87.

日本語

岸本秀樹,2001.壁塗り構文[M]//影山太郎.日英対照:動詞の意味と構文.東京:大修館書店:100-126.

岸本秀樹,2011.壁塗り構文と視点の転換[M]//影山太郎,沈力.日中理論言語学の新展望1:統語構造.東京:くろしお出版:33-57.

奥津敬一郎,1984.授受動詞文の構造:日本語・中国語対照研究の試み[M]//金田一春彦博士古稀記念論文集:第2巻 言語学編.東京:三省堂:65-88.

部田和美,2009.授受動詞「ヤル・クレル・モラウ」文の意味分析:抽象的対象物を含む授受動詞文を中心に[J].言語学論叢(28):33-47.

川野靖子,1997.位置変化動詞と状態変化動詞の接点:いわゆる「壁塗り代換」を中心に[J].筑波日本語研究(2):28-40.

大東文化大学中国語大辞典編纂室,1994.中国語大辞典:上[M].東京:角川書店.

工藤真由美,1995.アスペクト・テンス体系とテクスト:現代日本語の時間の表現[M].東京:ひつじ書房.

関光世,2001."V给"文の意味特徴に関する考察[J].中国語学

（248）:153-167.

金田一春彦,林大,柴田武,1995.日本語百科大事典[M].縮刷版.東京:大修館書店.

井上優,2011.日本語・韓国語・中国語の「動詞＋授受動詞」[J].日本語学,30(11):38-48.

久野暲,高見健一,2005.謎解きの英文法:文の意味[M].東京:くろしお出版.

ラネカー,2011.認知文法論序説[M].山梨正明,監訳.東京:研究社.

劉月華,潘文娯,故韡,1988.現代中国語文法総覧:上[M].相原茂,監訳.東京:くろしお出版.

盧涛,1993."给"の機能語化について[J].中国語学(240):60-69.

木村英樹,2000."给"が使えない「ために」[J].中国語(489):32.

木村英樹,2004.授与から受動への文法化:北京語授与動詞の前置詞化をめぐって[J].言語,33(4):58-65.

木村英樹,2008.北京語授与動詞"给"の文法化:〈授与〉と〈結果〉と〈使役〉の意味的連携[M]//生越直樹,木村英樹,鷲尾龍一.ヴォイスの対照研究:東アジア諸語からの視点.東京:くろしお出版:93-107.

木村英樹,2012.北京官話授与動詞"给"の文法化[M]//中国語文法の意味とかたち:「虚」的意味の形態化と構造化に関する研究.東京:白帝社:214-235.

木村英樹,楊凱栄,2008.授与と受動の構文ネットワーク:中国語授与動詞の文法化に関する方言比較文法試論[M]//生越直樹,木村英樹,鷲尾龍一.ヴォイスの対照研究:東アジア諸語からの視点.東京:くろしお出版:65-91.

前田富祺,2001.「あげる」「くれる」成立の謎:「やる」「くださる」などとの関わりで[J].言語,30(5):34-40.

泉敏弘,1984."给"字的致使、被动用法的研究[J].中国語学(231):

60-68.

仁田義雄,1982.再帰動詞、再帰用法:Lexico-Syntaxの姿勢から[J].日本語教育(47):79-90.

山田敏弘,2004.日本語のベネファクティブ[M].東京:明治書院.

山田忠司,1999.《儒林外史》における"給"の用法[J].中国語学(246):23-30.

杉村博文,2006.中国語授与構文のシンタクス[J].大阪外国語大学論集(35):65-96.

勝川裕子,2013.現代中国語における「領属」の諸相[M].東京:白帝社.

辻幸夫,2013.認知言語学キーワード事典[M].東京:研究社.

太田辰夫,1956.「給」について[J].神戸外大論叢,7(1/3):177-197.

太田辰夫,1958.中国語歴史文法[M].東京:江南書院.

田中智子,2001."給"使役文について[J].言語情報科学研究(6):135-156.

楊凱栄,2009.中日受益表現と所有構造の対照研究[J].日中言語研究と日本語教育(2):1-12.

澤田淳,2014.日本語の授与動詞構文の構文パターンの類型化:他言語との比較対照と合わせて[J].言語研究(145):27-60.

張威,1993.中国語再帰動詞及びその特殊用法:"給～＋再帰動詞"をめぐって[J].中京大学教養論叢,34(2):531-555.

張仲霏,2012.「代替」を表す"給"構文とその類似文型[J].人文研究(177):1-35.

佐々木勲人,1993.受身と受益:"給"構文の分析[J].日本語と中国語の対照研究(15):13-22.

佐々木勲人,1994.中国語の受益文[J].言語文化論集(38):315-325.

佐々木勲人,1996."被……給"と"把……給":強調の"給"再考[J].中国語学(243):65-74.

佐々木勲人,1999.南方方言におけるGIVEの処置文[J].中国語学（246）：207-216.

佐々木勲人,2009.授与動詞を含む複合動詞の文法化："V給"と"Vテヤル"の対照から[M]//张威,山冈政纪.日语动词及相关研究.北京：外语教学与出版社：207-214.

英　語

ANDERSON S R,1971. On the role of deep structure in semantic representation[J]. Foundations of language(6)：197-219.

LANGACKER R W, 2008. Cognitive grammar a basic introduction [M]. Cambridge：Oxford University Press.

LI C N, THOMPSON S A, 1981. Mandarin Chinese：a functional reference grammar[M]. Berkeley：University of California Press.